中国社会科学院国情调研特大项目"精准扶贫精准脱贫百村调研"

精准扶贫精准脱贫百村调研丛书

CASE STUDIES OF TARGETED POVERTY REDUCTION AND
ALLEVIATION IN 100 VILLAGES

李培林／主编

精准扶贫精准脱贫
百村调研·龙凤村卷

"一市五金多套餐"的精准扶贫机制

赵学军／著

社会科学文献出版社
SOCIAL SCIENCES ACADEMIC PRESS (CHINA)

"精准扶贫精准脱贫百村调研丛书"
编 委 会

中国社会科学院国情调研特大项目
"精准扶贫精准脱贫百村调研"
项目协调办公室

主　任：王子豪
成　员：檀学文　刁鹏飞　闫　珺　田　甜　曲海燕

总　序

　　调查研究是党的优良传统和作风。在党中央领导下，中国社会科学院一贯秉持理论联系实际的学风，并具有开展国情调研的深厚传统。1988 年，中国社会科学院与全国社会科学界一起开展了百县市经济社会调查，并被列为"七五"和"八五"国家哲学社会科学重点课题，出版了《中国国情丛书——百县市经济社会调查》。1998 年，国情调研视野从中观走向微观，由国家社科基金批准百村经济社会调查"九五"重点项目，出版了《中国国情丛书——百村经济社会调查》。2006 年，中国社会科学院全面启动国情调研工作，先后组织实施了 1000 余项国情调研项目，与地方合作设立院级国情调研基地 12 个、所级国情调研基地 59 个。国情调研很好地践行了理论联系实际、实践是检验真理的唯一标准的马克思主义认识论和学风，为发挥中国社会科学院思想库和智囊团作用做出了重要贡献。

　　党的十八大以来，在全面建成小康社会目标指引下，中央提出了到 2020 年实现我国现行标准下农村贫困人口脱贫、贫困县全部"摘帽"、解决区域性整体贫困的脱贫攻坚目标。中国的减贫成就举世瞩目，如此宏大的脱贫目标世所罕见。到2020年实现全面精准脱贫是党的十九大提出的三大攻坚战之一，是重大的社会目标和政治任务，中国的贫困地区在此期间也将发生翻天覆地的变化，而变化的过程注定不会一帆风顺或云淡风轻。记录这个伟大的过程，总结解决这个世界性难题的经验，为完成这个攻坚战献计献策，是社会科学工作者应有的责任担当。

2016年，中国社会科学院根据中央做出的"打赢脱贫攻坚战"战略部署，决定设立"精准扶贫精准脱贫百村调研"国情调研特大项目，集中优势人力、物力，以精准扶贫为主题，集中两年时间，开展贫困村百村调研。"精准扶贫精准脱贫百村调研"是中国社会科学院国情调研重大工程，有统一的样本村选择标准和广泛的地域分布，有明确的调研目标和统一的调研进度安排。调研的104个样本村，西部、中部和东部地区的比例分别为57%、27%和16%，对民族地区、边境地区、片区、深度贫困地区都有专门的考虑，有望对全国贫困村有基本的代表性，对当前中国农村贫困状况和减贫、发展状况有一个横断面式的全景展示。

在以习近平同志为核心的党中央坚强领导下，党的十八大以来的中国特色社会主义实践引导中国进入中国特色社会主义新时代，我国经济社会格局正在发生深刻变化，脱贫攻坚行动顺利推进，每年实现贫困人口脱贫1000多万人，贫困人口从2012年的9899万人减少到2017年的3046万人，在较短时间内实现了贫困村面貌的巨大改观。中国社会科学院组建了一百支调研团队，动员了不少于 500 名科研人员的调研队伍，付出了不少于 3000 个工作日，用脚步、笔尖和镜头记录了百余个贫困村在近年来发生的巨大变化。

根据规划，每个贫困村子课题组不仅要为总课题组提供数据，还要撰写和出版村庄调研报告，这就是呈现在读者面前的"精准扶贫精准脱贫百村调研丛书"。为了达到了解国情的基本目的，总课题组拟定了调研提纲和问卷，要求各村调研都要执行基本的"规定动作"和因村而异的"自选动作"，了解和写出每个村的特色，写出脱贫路上的风采以及荆棘！对每部报告我们都组织了专家评审，由作者根据修改意见进行修改，直到达到出版要求。我们希望，这套丛书的出版能为脱贫攻坚大业写下浓重的一笔。

中共十九大的胜利召开，确立习近平新时代中国特色社会主义思想作为各项工作的指导思想，宣告中国特色社会主义进入新时代，中央做出了社会主要矛盾转化的重大判断。从现在起到 2020 年，既是全面建成小康社会的决胜期，也是迈向第二个百年奋斗目标的历史交会期。在此期间，国家强调坚决打好防范化解重大风险、精准脱贫、污染防治三大攻坚战。2018 年春节前夕，习近平总书记到深度贫困的四川凉山地区考察，就打好精准脱贫攻坚战提出八条要求，并通过脱贫攻坚三年行动计划加以推进。与此同时，为应对我国乡村发展不平衡不充分尤其突出的问题，国家适时启动了乡村振兴战略，要求到 2020 年乡村振兴取得重要进展，做好实施乡村振兴战略与打好精准脱贫攻坚战的有机衔接。通过调研，我们也发现，很多地方已经在实际工作中将脱贫攻坚与美丽乡村建设、城乡发展一体化结合在一起开展。可以预见，贫困地区的脱贫攻坚将不再只局限于贫困户脱贫，我们有充分的信心从贫困村发展看到乡村振兴的曙光和未来。

是为序！

全国人民代表大会社会建设委员会副主任委员

中国社会科学院副院长、学部委员

2018 年 10 月

前　言

　　贵州省毕节市地处云贵高原喀斯特山区，地瘠民贫。曾因生态恶劣、人口膨胀陷入"越贫越垦，越垦越贫"的恶性循环，被联合国有关机构认定为不适宜人类居住的地区。

　　1988年，经国务院批准，毕节成为以"开发扶贫、生态建设、人口控制"为主题的试验区。毕节试验区结合坡高谷深的地理条件，探索出了"山上植树造林戴帽子、山腰搞坡改梯拴带子、坡地种植绿肥铺毯子、山下发展庭院经济抓票子、基本农田集约经营收谷子"的"五子登科"经验。

　　2013年，习近平总书记提出实施精准扶贫后，毕节市七星关区积极探索扶贫新路，形成了以"一市五金多套餐"为核心的精准扶贫机制。"一市"就是由政府建立"苗木超市"免费提供苗木，群众"进超市"自主选苗、自主种植、自主管理、自身受益；"五金"是指政府设立特殊困难群众大病医疗底垫周转基金、精准扶贫产业发展基金、精准扶贫小额贷款贴息基金、精准扶贫产业发展风险兜底基金、精准扶贫贷款担保基金，以支持精准扶贫工作的深入推进；"多套餐"是指政府根据毕节全市农业板块经济发展规划，结合农业产业调整方向，编制投资少、见效快、效益好的精准扶贫"套餐"目录和操作手册，供贫困农户结合自身实际和发展愿望，自行选择其中一种或多种项目，发展致富。"一市五金多套餐"推动了七星关区精准扶贫的深入发展。

龙凤村是七星关区撒拉溪镇下属的一个行政村，在政府及社会各界的扶持下，在精准扶贫开发中短期内取得了显著成绩。龙凤村的扶贫实绩，正是七星关区"一市五金多套餐"精准扶贫机制的缩影。解剖了龙凤村精准扶贫机制的运作，也就能够说明这一机制的积极作用。因此，课题组对龙凤村精准扶贫做了比较深入的调研与分析。

2016 年，中国社会科学院将龙凤村列为全国百村精准扶贫调研点之一，课题组在 12 月上旬前往龙凤村，对龙凤村社会经济概况做了调查。2017 年 8 月上旬，课题组再次到龙凤村，对抽样选出的 38 户非建档立卡户、36 户建档立卡户展开问卷调查，获得了龙凤村精准扶贫方面的相关数据。在此基础上，笔者撰写了龙凤村精准扶贫调研报告。

本报告分为三个部分，第一部分概述了毕节市七星关区及龙凤村的地理方位、自然资源、人口状况、村民收入与消费、村容村貌、居住环境、社会事业等方面的发展状况，从整体上刻画了龙凤村的自然禀赋与社会经济。第二部分概述了七星关区政府的精准扶贫措施，论述了如何通过"四看法"精准确定贫困户，论述了"一市五金多套餐"的扶贫机制，介绍了区政府采取的十项精准扶贫措施，总结了驻村扶贫工作队的工作方法。第三部分重点分析了龙凤村的精准扶贫，认为龙凤村村民致贫的主要原因，除了缺资金、缺劳动力、缺技术外，生病、残疾、孩子上学也是重要原因；针对这些致贫原因，政府采取了开展基础设施建设扶贫、推进产业扶贫、推出精准扶贫"套餐"、推进社会保障兜底扶贫、加强教育精准扶贫等积极措施，取得了良好的成绩。

通过分析龙凤村精准扶贫，主要经验是：强化基础设施建设扶贫功能，积极发展产业扶贫，积极开展信用担保，积极发挥配套扶贫措施的作用。但精准扶贫也存在一些亟待解决的问题，其中最大的问题是过度依靠政府大规模投入，不可持续；一些制约当地经济发展与居民生活的短板尚未补齐；村民产生了价值观扭曲的现象。精准扶贫下一步的发展应该与乡村振兴战略相结合，加强集体经济力量，加强村集体组织建设，推进产业发展，继续构建社会保障兜底保障网。

总之，龙凤村精准扶贫的经验仅具参考价值，不具复制性。

目　录

第一章

资源、人口与社会经济
发展状况

龙凤村位于贵州省毕节市七星关区撒拉溪镇。交通比较方便，人口以汉族为主，劳动力比较充裕。龙凤村经济方面以种植、养殖业为主导，村民收入主要来自外出打工的工资性收入。村集体经济比较薄弱，近年来有所加强。乡村居住环境改善很大，但仍然较差。教育医疗卫生得到较快的发展，但仍然存在不少问题。

第一节 自然资源

一 地理方位

龙凤村是贵州省毕节市七星关区撒拉溪镇下辖的一个行政村。2006年村庄合并中，由两个行政村合并而成。

七星关区是毕节市市政府所在地，为毕节市政治、经济、文化中心，交通运输物流中心。七星关区位于贵州省西北部，地处东经104°51′~105°55′，北纬27°3′~27°46′，东与金沙、大方两县接壤，南与纳雍县毗邻，西与赫章县及云南省镇雄县、威信县相连，北与四川省古蔺、叙永两县交界，总面积3412.2平方公里，是滇黔渝接合部的区域性中心城市，为西南地区重要的综合交通枢纽、物资集散地和商贸物流中心。

七星关区的交通比较发达。在公路方面，两条国家级骨干高速公路"杭（州）—瑞（金）""厦（门）—蓉（成都）"横穿境内。七星关区2015年公路通车里程达3689.8公里，乡乡开通沥青路，村村贯通水泥路。在铁路方面，"成都—贵阳—广州"客运专用高速铁路毕节段已全面动工，新建的织金至毕节铁路经八步、白布、大方至毕节枢纽毕节东货运中心站，线路全长80公里，设计时速120公里，全线设织金、织金北、八步、白布、大方西、毕节东等6个车站。在航空方面，毕节飞雄机场已经开通毕节—北京、毕节—广州、毕节—贵阳、毕节—昆明、毕节—重庆、毕节—上海、毕节—深圳等航线。

撒拉溪镇在毕节市七星关区西部，距市区 27 公里，面积 149 平方公里，人口 4.3 万，为汉、彝、苗、布依、侗等民族聚居地区。撒拉溪镇下辖撒拉村、龙凤村等 26 个村委会。"撒拉溪"为彝语译音，意为回族居住的地方。相传元代时回民军队驻地在此，遂以此命名。326 国道经过该镇。

龙凤村位于撒拉溪镇北部，距毕节市区 30 公里，距撒拉溪镇政府所在地 3 公里，东面是朝营村，西面是拱龙坪林场，南面是撒拉村，北面与野角村相邻，有 15 个自然村、7 个村民小组，总面积 2.01 平方公里。

龙凤村通村道路为 4.5 米宽的水泥路，长 7.4 公里。村内通组道路有 26 公里，全部硬化，但没有路灯。即便如此，龙凤村的交通仍旧不便，虽然村公路已经通到村边，但由于农户居住分散，有些村民组居住地离村道较远，生产、生活、出行还不方便。

二　地理环境

七星关区地处滇东高原向黔中山区丘陵过渡的倾斜地带，地形西高东低，东北至西南长约 120 公里，南北宽约 80 公里，地势从西南向东北呈阶梯状逐渐下降，平均海拔 1511 米，最高处乌箐梁子海拔 2217 米，最低处赤水河谷里匡岩海拔 470 米。地貌属中山山地类型，其组合是：高中山 194.57 平方公里（折合 291858 亩），占总面积的 5.70%；

中中山 2209.83 平方公里（折合 3314745 亩），占总面积的
64.74%；低中山 811.37 平方公里（折合 1217053 亩），占
总面积的 23.77%；低山 197.56 平方公里（折合 296332 亩），
占总面积的 5.76%。七星关区境内有典型的喀斯特地貌，峰
峦叠现，溪流纵横，壑幽谷深。

七星关区气候温和，雨量充沛，属亚热带湿润季风气
候，年均气温 12.5 摄氏度。日照总时数多年平均为 1377.7
小时，年降雨量多年平均为 954 毫米，无霜期多年平均为
250 天左右。

龙凤村的地形主要以丘陵、山地为主，海拔在
1100~1300 米，平均海拔 1150 米。龙凤村属温带气候。
年平均气温 13.7℃ ~26.4℃，其气候特点是冬冷夏凉、雨
热同期。

三 自然资源

（一）土地资源

毕节市七星关区土地总面积为 341097.61 公顷，其中：
耕地 138891.11 公顷，园地 886.41 公顷，林地 151040.35
公顷，草地 4696.97 公顷，城镇村及工矿用地 10114.45
公顷，交通运输用地 3608.97 公顷，水域及水利设施用地
1930.39 公顷，其他土地 29928.95 公顷。

龙凤全村有耕地 10800 亩，有效灌溉耕地 10800 亩。
园地面积 10000 亩，林地面积 5500 亩，畜禽饲养地面积

2000 亩，养殖水面 7 亩，农户自留地 500 亩，全年国家征用土地 100 亩。土类主要为黄棕壤。本村土地流转租金每亩 300 元。

全村人均耕地 1.1 亩，人均耕地少，土地出产率较高。农作物以玉米、马铃薯、土豆等为主。

（二）水资源

毕节市七星关区拥有较为丰富的水资源。年均地表径流量为 14.92 亿立方米，平均每亩土地地表降水总量 654.3 立方米，径流量为 291.4 立方米；地下水储量为 4.33 亿立方米，尚待进一步开发利用。水能资源可开发量为 115714 千瓦，在贵州省属于水能资源丰富县区。

近些年，毕节市大力实施林业生态工程，造林 59.3 万亩，治理水土保持 9.23 万亩，治理石漠化 12.33 万亩，森林覆盖率从 43.03% 提高到 50.42%。拱拢坪国家森林公园获"中国森林氧吧"称号。

七星关区实施了农村饮水安全建设工程，已建成工程 533 个（处），受益群众达 52.8 万人。治理河道 16.1 公里，保护农田 3.02 万亩。建成引水工程 35 个，受益耕地 13.93 万亩。加固 8 座小型水库，受益群众达 4.74 万人，保护耕地 1 万亩。完成了小型农田水利重点项目，全区有效灌溉面积率达到 26.77%。

龙凤村的生态环境较差，全村森林覆盖率不到 0.01%。部分乔木林和灌木林已被农户毁林开荒。只有少量的四旁树，土地垦殖率高，导致水土流失严重，生态环境极其脆弱。

龙凤村近年来年降水量约900毫米，但缺水严重，村里无自来水，村民自备水窖，有800户村民吃水困难。在农田水利基础建设方面，村里建有2处排灌站。

（三）矿产资源

毕节市七星关区矿产资源有硫、铁、煤、锌、大理石、硅砂、铜、草炭、黏土、高岭土等20余种，其中，煤炭地质储量达42.55亿吨，以无烟煤为主，有少量烟煤，煤层4~5层，机械性能好，热量7000~8000大卡；硫磺矿储量达8.41亿吨，有铁磺、褐铁磺、菱铁磺、针铁磺等类型，品位较高，易采、易选；已探明的黏土储量达到3000万吨以上，三氧化铝含量平均达30%以上，其他有害物质均低于2%；大理石资源尤为丰富。

龙凤村缺少这些矿产资源。

（四）生物资源

毕节市七星关区生物资源十分丰富。全区林木资源有700余种，农作物有玉米、稻谷、小麦、马铃薯、烤烟、油菜籽、花生、大蒜、苎麻、蚕桑等455种；盛产黄连、金银花、杜仲、黄檗、厚朴、续断、独活、何首乌、龙胆草、五倍子、独脚莲、天麻、半夏等上千种中草药，并且药效好；花卉类400余种，此外还有蕨类、菌类和饲料类等植物资源，草种资源378种。毕节市七星关区还有独具高寒山地特色的猪、牛、马、羊等，沔鱼河四腮鱼属全国珍稀鱼种。

龙凤村适宜种植玉米、马铃薯、烤烟、天麻、核桃等。

第二节　人口状况

一　人口构成

据《毕节地区 2010 年第六次人口普查主要数据公报》，截至 2010 年 11 月 1 日零时，七星关区人口数为 1136905 人，占毕节地区的比重由 2000 年的 17.83% 下降至 2010 年的 17.39%，人口密度为 333 人/平方公里。截至 2016 年底，七星关区常住人口为 115.55 万人（含金海湖区），比 2015 年末增加 0.62 万人。2016 年七星关区人口出生率为 8.68‰，人口自然增长率为 4.91‰。境内居住有汉、彝、苗、回、布依、白、蒙古、壮、侗等民族。据第六次人口普查资料，少数民族人口占全市总人口的 25.88%，而七星关区聚居着汉、彝、白、苗、布依等 23 个民族。

龙凤村的人口状况与七星关区总体状况有些差异。全村总户数 825 户，建档立卡户 78 户 238 人；其中有低保户 18 户 41 人。总人口 3229 人，其中少数民族 103 户 422

人，以彝族为主，占全村总户数的 12.5%。全村妇女人数有 1400 人，占总人口的 43.3%。存在计划外生育、重男轻女现象，个别家庭还很严重。

2017 年龙凤村问卷调查共抽样 74 户，其中，38 户为非建档立卡户，36 户为建档立卡户，人口共 329 人。72 位户主是男性，2 位户主是女性。329 人中，男性为 175 人，占比 53.2%；女性为 154 人，占比 46.8%。从民族成分方面看，在有效统计人数 324 人中，汉族 296 人，占比 91.3%，彝族 27 人，占比 8.4%，苗族 1 人，占比 0.3%。

从户籍类型看，受调查的 74 户绝大部分是农业户，其中，有 1 户非建档立卡户刚满 20 岁的女儿是教师，为非农业户口，其他均为农业户口。

从居住情况看，被调查的 74 户农户绝大部分户口在本户，只有 8 人不在本户，其中非建档立卡户有 5 人不在本户，建档立卡户有 3 人不在本户。非建档立卡户的非常住人口为 19 人，占非建档立卡户总人口的 11.0%；建档立卡户的非常住人口 12 人，占建档立卡户总人口的 7.6%。举家外出的有 2 户，共 12 人。

从人口年龄构成看，1959 年前出生的人（58 岁）非建档立卡户占 7.6%，建档立卡户占 8.3%；1960~1999 年（18~57 岁）出生的，非建档立卡户占 59.3%，建档立卡户占 65%。1999 年以后出生的人口，非建档立卡户占 33.1%，建档立卡户占 26.7%（见表 1-1）。

表 1-1　七星关区撒拉溪镇龙凤村人口年龄结构

单位：人，%

出生年份	非建档立卡户		建档立卡户	
	有效统计人数	有效比重	有效统计人数	有效比重
1930~1939	1	0.6	0	—
1940~1949	4	2.3	0	—
1950~1959	8	4.7	13	8.3
1960~1969	18	10.5	15	9.6
1970~1979	22	12.8	32	20.4
1980~1989	22	12.8	14	8.9
1990~1999	40	23.2	41	26.1
2000~2009	33	19.2	28	17.8
2010~2016	24	13.9	14	8.9
合计	172	100	157	100

资料来源：精准扶贫精准脱贫百村调研 - 龙凤村调研。

说明：本书统计表，除特殊标注外，均来自龙凤村调研。

　　建档立卡户与非建档立卡户成员的婚姻状况也存在显著差别。从达到法定结婚年龄者（男，1994 年之前出生者；女，1996 年之前出生者）的婚姻状况看，非建档立卡户已婚的占 85.1%，而建档立卡户占 68.6%；非建档立卡户未婚的占 12.8%，而建档立卡户占 25.5%。建档立卡户已结婚人数比非建档立卡户高 16.5 个百分点，建档立卡户未结婚人数比非建档立卡户低 12.7 个百分点（见表 1-2）。

　　调查中还发现龙凤村存在早婚现象，非建档立卡户 1995 年生的 3 个男子结婚，与法定年龄差 1 岁；而建档立卡户有 1 个 1997 年出生的女子、2 个 1999 年出生的女子结婚。这说明农村女孩有早婚现象，且多发生在贫困家庭。

表 1-2　龙凤村村民婚姻状况

单位：人，%

婚姻状况	非建档立卡户		建档立卡户	
	有效统计人数	有效比重	有效统计人数	有效比重
已婚	80	85.1	70	68.6
未婚	12	12.8	26	25.5
离异	0	—	0	—
丧偶	2	2.1	4	3.9
同居	0	—	2	2.0
合计	94	100	102	100

二　健康状况

本次调查有效问卷中，收集到 329 人的健康状况数据。

在非建档立卡户 172 人中，健康的占 91.8%，有长期慢性病的占 4.2%，患有大病的占 1.7%，残疾的占 2.3%。在建档立卡户 157 人中，健康的占 86.6%，有长期慢性病的占 7.0%，患有大病的占 2.6%，残疾的占 3.8%（见表 1-3）。非

表 1-3　龙凤村村民健康状况

单位：人，%

当前健康状况	非建档立卡户		建档立卡户	
	有效统计人数	有效比重	有效统计人数	有效比重
健康	158	91.8	136	86.6
长期慢性病	7	4.2	11	7.0
患有大病	3	1.7	4	2.6
残疾	4	2.3	6	3.8
合计	172	100	157	100

建档立卡户家庭成员健康的比例高于建档立卡户，非建档立卡户中患有长期慢性病、残疾的家庭成员也均低于建档立卡户。

三　文化水平

从文化程度看，2016 年龙凤村有文盲 460 人，半文盲 210 人，小学文化程度 1718 人，初中文化程度 564 人，高中及以上文化程度 28 人。

2017 年，在抽样调查的 74 户村民中，建档立卡户与非建档立卡户的文化水平呈现一定的差异性。建档立卡户村民的文化水平总体上低于非建档立卡户村民的文化水平。文盲在非建档立卡户村民中占比为 12.6%，而在建档立卡户村民中的占比为 21.5%；小学文化在非建档立卡户村民中占比为 28.3%，在建档立卡户村民中的占比为 38.3%；初中文化在非建档立卡户村民中占比为 47.2%，在建档立卡户村民中的占比为 29.5%；高中文化在非建档立卡户村民中占比为 5.0%，在建档立卡户村民中的占比为 4.7%；中专（职高技校）文化在非建档立卡户村民中占比为 1.2%，在建档立卡户村民中的占比为 3.3%；大专及以上文化在非建档立卡户村民中占比为 5.7%，在建档立卡户村民中的占比为 2.7%。初中以上文化程度，在非建档立卡户村民中占比为 59.1%，在建档立卡户村民中的占比为 40.2%，前者比后者高了近 20 个百分点（见表 1-4）。

表 1-4　龙凤村村民的文化水平

单位：人，%

文化程度	非建档立卡户		建档立卡户	
	有效统计人数	有效比重	有效统计人数	有效比重
文盲	20	12.6	32	21.5
小学	45	28.3	57	38.3
初中	75	47.2	44	29.5
高中	8	5.0	7	4.7
中专（职高技校）	2	1.2	5	3.3
大专及以上	9	5.7	4	2.7
合计	159	100	149	100

四　劳动力情况

2016 年，龙凤村总劳动力 2417 人，外出半年以上的劳动力 1363 人，外出半年以内的劳动力 200 人。其中，外出到省外的劳动力 150 人，外出到省内县外的劳动力 100 人。外出务工人员中途返乡 50 人，定期回家的外出劳动力 300 人。初中毕业未升学的新成长劳动力 100 人，高中毕业未升学的新成长劳动力 50 人。

2017 年抽样调查时，74 户农户共有劳动力 229 人。非建档立卡户与建档立卡户家庭成员劳动力、自理能力存在差别。非建档立卡户普通劳动力占比为 60%，技能劳动力占比为 2.9%，部分丧失劳动能力的人占比为 1.8%，无劳动能力但有自理能力的人数占比为 1.2%，无自理能力的人数占比为 2.3%，在校学生或不满 16 周岁的人数占比为 31.8%。建档立卡户普通劳动力占比为 60.9%，技能劳动力占比为 0.6%，部分丧失劳动能力的人数占比为 3.8%，无劳动能力但有自理能力的人数占比为 6.4%，无自理能力的人数占比为 0.6%，在校学生或不满 16 周岁的人数占比为 27.6%（见表 1-5）。

表1-5　龙凤村农户劳动力、自理能力情况

单位：人，%

劳动力、自理能力	非建档立卡户		建档立卡户	
	有效统计人数	有效比重	有效统计人数	有效比重
普通全劳动力	102	60.0	95	60.9
技能劳动力	5	2.9	1	0.6
部分丧失劳动能力	3	1.8	6	3.8
无劳动能力但有自理能力	2	1.2	10	6.4
无自理能力	4	2.3	1	0.6
不适用 （在校学生或不满 16 周岁）	54	31.8	43	27.6
合计	170	100	156	100

表 1-5 显示，非建档立卡户的普通全劳动力占比与建档立卡户相差不大；但非建档立卡户的技能劳动力占比明显高于建档立卡户，前者比后者高 2.3 个百分点；非建档立卡户的部分丧失劳动能力的人数占比远远低于建档立卡户，前者比后者低 2 个百分点；非建档立卡户无劳动能力但有自理能力的人数占比也远低于建档立卡户，前者比后者低 5.2 个百分点；非建档立卡户无自理能力的人数占比高于建档立卡户。非建档立卡户与建档立卡户劳动力、自理能力的显著差异，反映了农村贫困户致贫之因。

与全国许多地区一样，龙凤村农户的主要收入来自打工的工资性收入，但非建档立卡户与建档立卡户劳动

力在务工地点上存在差异。2017 年抽样调查的 74 户农户中，非建档立卡户在本乡镇内务工的人数占比为 23.6%，在本乡镇外、本县内务工的人数占比为 3.1%，在本县外、本省内务工人数占比为 4.5%，在省外务工人数占比为 18.5%，其他（包括在家务农、学生、参军）人数占比为 50.3%。建档立卡户在本乡镇内务工的人数占比为 26.8%，没有在本乡镇外、本县内务工的人，在本县外、本省内务工人数占比为 3.6%，在省外务工人数占比为 9.4%，其他（包括在家务农、学生、参军）人数占比为 60.1%（见表 1-6）。

表 1-6　龙凤村劳动力外出务工情况

单位：人，%

务工状况	非建档立卡户		建档立卡户	
	有效统计人数	有效比重	有效统计人数	有效比重
乡镇内务工	37	23.6	37	26.8
乡镇外县内务工	5	3.1	0	—
县外省内务工	7	4.5	5	3.6
省外务工	29	18.5	13	9.4
其他（包括在家务农、学生、军人等情况）	79	50.3	83	60.1
合计	157	100	138	100

从表 1-6 可以看出，本乡镇内务工人员比例，建档立卡户与非建档立卡户差别不大；在本乡镇外、本省内务工人数占比，非建档立卡户则高于建档立卡户，前者比后者高 4 个百分点；在家务农、上学、参军等人数所占比例，建档立卡户高于非建档立卡户近 10 个百分点。

无论是建档立卡户还是非建档立卡户，外出务工人员的主要收入都是带回家的，二者非常一致（见表1-7）。

表1-7　龙凤村外出务工者将主要收入带回家的情况

单位：人，%

主要收入是否带回家	非建档立卡户		建档立卡户	
	有效统计人数	有效占比	有效统计人数	有效占比
是	93	71.5	68	71.5
否	37	28.5	27	28.5
合计	130	100	95	100

第三节　经济发展状况

一　七星关区经济发展情况

2016年，七星关区地区生产总值为333.4亿元，人均地区生产总值为28854元，其中，第一产业增加值66.0亿元，第二产业增加值106.0亿元，第三产业增加值161.4亿元。全区三次产业结构比为19.8∶31.8∶48.4。

七星关区着力调整产业结构。

在发展新型工业方面，2016年规模工业产值突破百亿元大关，规模工业增加值从28亿元增长到62亿元。七星关经济开发区累计完成投资132.9亿元，建成标准厂房42万平方米，添钰动力、明钧玻璃等53家企业入驻，解决就业2000余人，实现工业总产值53.1亿元、增加值15.9亿元。长春堡清丰建材产业园、何官屯工业孵化园等8个民营经济创业园累计完成投资3.04亿元，入驻企业28家，带动就业700余人，实现产值1亿元。水泥、煤电、白酒、食品加工等产业稳步发展，产业多元化发展格局基本形成。

在城镇建设方面，城市建成区面积扩大到49.5平方公里，净增20平方公里；城镇化率提高到47%，年平均提升2个百分点。建成碧海大道、草海大道、同心大道、德溪大道、百里杜鹃大道、同心立交桥、德溪大桥等城市骨干路桥69.16公里，完成松山路、翠屏路、广惠路、古道路等老城区道路改造31.8公里，南山公园、阳山公园基本建成并向市民开放，建成麻园路、清毕路、南关桥等人行天桥7座，完成棚户区改造8801户。青场、清水铺等29个特色小城镇建设深入推进，完成投资33.53亿元。

在农业产业方面，粮食年总产量稳定在40万吨以上，烤烟生产实现控规提质，脱毒马铃薯种薯及商品薯、高山冷凉蔬菜、山地生态畜牧业、特色经果林、中药材、高山生态茶六大板块经济全面发展。全区建成100头以上规模生猪养殖场282个，现代化规模蛋鸡养殖场6个。培育省级重点龙头企业7家、市级重点龙头企业43家和各类农民专业合作组织646个。建成省级农业园区4个，入驻企业53家，实现产值21.6亿元，带动就业2330人，辐射带动蔬菜种植10万亩、中药材4.8万亩、苗圃基地820亩。

在服务业方面，建成万丰国际商贸城、远航七星万象城、浙江商贸城、毕节小商品综合批发市场等专业市场，并投入使用。建设创美农副产品批发交易中心、黔西北农贸综合批发市场、石桥边仓储物流园区等项目。建设星级酒店9家，提升了旅游接待能力。沃尔玛、合力超市、苏宁易购等大型零售企业落户七星关区。阿里巴巴农村淘宝、浙江颐高等电商企业入驻电商产业园。物流、交通运输、邮政快递、物业管理、信息咨询等现代服务业得到了快速发展。

二　龙凤村的产业状况

龙凤村在毕节市属于比较普通的村庄，经济方面仍然以种植、养殖业为主导。村里办起了1家蛋鸡养殖场，有4家从事马铃薯种植、蜜蜂养殖、天麻种植及农用机械经营的合作社（见表1-8），2户专业大户。村民收入主要来自外出打工的工资性收入。

2016年，龙凤村玉米种植面积约2000亩，亩产约800公斤，总产量160万公斤，按市场价格每公斤3元计算，毛收入480万元。马铃薯种植面积约8000亩，亩产约1500公斤，总产量1200万公斤，按市场价格每公斤2.6元计算，毛收入3120万元。核桃种植面积约1万亩，亩产约500公斤，总产量500万公斤，按市场价格每公斤6

元计算，毛收入 3000 万元。经济作物的收益远高于粮食的收益（见表 1-9）。

表1-8 龙凤村的合作社

名称	领办人	成立时间	成立时社员户数（户）	目前社员户数（户）	业务范围	总资产（万元）	总销售额（万元）	分红额（万元）
撒拉溪镇鸿智达马铃薯专业合作社	孙善达	2007年12月	131	306	马铃薯生产与销售	800	3710	35
撒拉溪镇龙凤村玉峰养殖专业合作社	徐世烈	2016年7月	20	20	蜜蜂养殖与销售	80	10	6
撒拉溪镇龙凤村林芝蜂天麻种植专业合作社	刘旦	2012年5月	28	28	天麻种植与销售	20	60	40
撒拉溪镇龙凤村民愿农机专业合作社	孙贵	2005年6月	20	20	马铃薯加工	200	0	0

表1-9 龙凤村主要农作物产量

主要种植作物	种植面积（亩）	单产（公斤/亩）	市场均价（元/公斤）	耕作起始月份	耕作结束月份
玉米	2000	800	3	3	10
马铃薯	8000	1500	2.6	2	10
核桃	10000	500	6	—	—

除蛋鸡养殖外，龙凤村农户主要饲养牛、羊、猪。2016年，村里出栏80头牛，按平均毛重300公斤、市场每公斤售价54元计算，毛收入为129.6万元；出栏200只羊，按平均毛重40公斤、市场每公斤售价52元计算，毛收入为41.6万元；出栏生猪760只，按平均毛重130公斤、

市场每公斤售价 26 元计算，毛收入为 256.88 万元（见表 1-10）。

表 1-10　龙凤村养殖业情况

主要养殖畜禽	出栏量（头）	平均毛重（公斤/头）	市场均价（元/公斤）
牛	80	300	54
羊	200	40	52
猪	760	130	26

三　村集体经济状况

推行家庭联产承包责任制后，龙凤村集体经济极其薄弱。2016 年，龙凤村壮大村集体经济力量，累计达 25 万元，预计 3 年后将达到 100 万元。农民人均纯收入从 2014 年的 5382 元，增长到 2016 年的 8418 元，年平均增长 25%。

2016 年，龙凤村村级收入情况是：上级补助 21 万元，水面发包费 3000 元，修建道路集资 23.1 万元。村集体支出情况是：水电等办公费用 7500 元，困难户补助费 2000 元，村道路保洁费 4.05 万元。

村办公场所建筑面积有 600 平方米，2016 年 7 月开始建设，12 月建成，上级政府共拨款 100 万元。

四　村民的收入

2017 年，课题组在龙凤村抽样调查的 74 户村民中，非建档立卡户与建档立卡户的总收入及收入结构表现出很大的差异。

非建档立卡户户均总收入为67773元，其中，工资性收入37289元，农业经营收入5108元，非农业经营收入17919元，财产性收入3168元，赡养性收入1053元，低保金收入116元，养老金、离退休金收入221元，报销医疗费1072元，礼金收入501元，补贴性收入（救济、农业及其他）1326元。按照工资性收入、经营性收入、财产性收入及转移性收入划分，非建档立卡户户均工资性收入37289元，经营性收入23027元，财产性收入3168元，转移性收入4289元。非建档立卡户户均收入结构是：工资性收入占55.0%，经营性收入占33.9%，财产性收入占4.7%，转移性收入占6.2%。

建档立卡户户均总收入为31404元，其中，工资性收入15617元，农业经营收入3761元，非农业经营收入1097元，财产性收入5411元，赡养性收入378元，低保金收入434元，养老金、离退休金收入100元，报销医疗费1292元，礼金收入1533元，补贴性收入（救济、农业及其他）1781元。按照工资性收入、经营性收入、财产性收入及转移性收入划分，非建档立卡户户均工资性收入15617元，经营性收入4858元，财产性收入5411元，转移性收入5518元。非建档立卡户户均收入结构是：工资性收入占49.7%，经营性收入占15.4%，财产性收入占17.2%，转移性收入占17.5%（见表1-11）。

表1-11 龙凤村村民收入项情况

单位：元，%

收入项	非建档立卡户		建档立卡户	
	户均额	占比	户均额	占比
工资性收入	37289	55.0	15617	49.7
农业经营收入	5108	7.5	3761	11.9
非农业经营收入	17919	26.4	1097	3.5
财产性收入	3168	4.7	5411	17.2
赡养性收入	1053	1.5	378	1.2
低保金收入	116	0.2	434	1.4
养老金、离退休金收入	221	0.3	100	0.3
报销医疗费	1072	1.6	1292	4.1
礼金收入	501	0.7	1533	4.8
补贴性收入（救济、农业及其他）	1326	1.9	1781	5.7
总计	67773	100	31404	100

从表1-11可知，无论是非建档立卡户还是建档立卡户，工资性收入都是最重要的收入来源，在收入结构中，非建档立卡户达到55%，建档立卡户也差不多占到一半，但非建档立卡户户均工资性收入的绝对额远远大于非建档立卡户，前者是后者的2.39倍。

非建档立卡户的农业经营收入所占比重比建档立卡户低4.4个百分点，而非农业经营收入所占比重比建档立卡户高出22.9个百分点；非建档立卡户总的经营性收入所占比重比建档立卡户高了18.5个百分点，前者的绝对额是后者的4.74倍。

非建档立卡户的财产性收入所占比重比建档立卡户低了12.5个百分点，但这并不是说建档立卡户的财产比非建档立卡户多，而是恰恰反映出精准扶贫给予贫困户无偿资金、财物较多。

非建档立卡户的转移性收入所占比重也比建档立卡户低了 11.3 个百分点，这也说明建档立卡户得到的救济、补贴、捐赠等财产比非建档立卡户多，也反映出精准扶贫给予贫困户的帮助。

总之，龙凤村非建档立卡户与建档立卡户收入结构的差别，反映出贫困户贫困的主要原因是缺乏工资性收入，缺乏非农业经营收入。

五 村民的支出

本次调查的龙凤村 74 户村民的家庭支出，非建档立卡户与建档立卡户在支出总额、支出结构方面也存在明显的差别。

非建档立卡户户均总支出为 39154 元，其中，农业经营支出为 3139 元，非农业经营支出 14119 元，食品支出 10391 元，报销后医疗总支出 1774 元，教育总支出 4262 元，养老保险费支出 97 元，合作医疗保险支出 467 元，礼金支出 4905 元。农户各项支出结构是：农业经营支出占 8.0%，非农业经营支出占 36.1%，食品支出占 26.5%，报销后医疗总支出占 4.5%，教育总支出占 10.9%，养老保险费支出占 0.2%，合作医疗保险费支出占 1.2%，礼金支出占 12.5%。

建档立卡户户均总支出为 17529 元，其中，农业经营支出为 1540 元，非农业经营支出 72 元，食品支出 6512 元，报销后医疗总支出 3694 元，教育总支出 3311 元，养老保险费支出 87 元，合作医疗保险费支出 352 元，礼金支出 1961 元。农户各项支出结构是：农业经营支出占 8.8%，非农业经营支出占 0.4%，食品支出占 37.1%，报销后医疗总支出占 21.1%，教育总支出占 18.9%，养老保险费支出占 0.5%，合作医疗保险费支出占 2.0%，礼金支出占 11.2%（见表 1-12）。

表 1-12 龙凤村农户各项主要支出情况

单位：元，%

支出项	非建档立卡户		建档立卡户	
	户均额	占比	户均额	占比
农业经营支出	3139	8.0	1540	8.8
非农业经营支出	14119	36.1	72	0.4
食品支出	10391	26.5	6512	37.1
报销后医疗总支出	1774	4.5	3694	21.1
教育总支出	4262	10.9	3311	18.9
养老保险费	97	0.2	87	0.5
合作医疗保险费	467	1.2	352	2.0
礼金支出	4905	12.5	1961	11.2
总计	39154	100	17529	100

由表 1-12 可知，非建档立卡户的各项支出占比，从高到低依次为非农业经营支出、食品支出、礼金支出、教育总支出、农业经营支出、报销后医疗总支出、合作医疗保险费支出、养老保险费支出。而建档立卡户的各项支出占比，从高到低依次为食品支出、报销后医疗总支出、教育总支出、礼金支出、农业经营支出、合作医疗保险费支

出、养老保险费支出、非农业经营支出。

比较非建档立卡户与建档立卡户的各项支出占比，可以看到，非建档立卡户支出最多的是非农业经营支出，是为赚钱而支出；而建档立卡户支出最多的是食品支出，是为了解决基本生存问题而支出。非建档立卡户支出次多的是食品支出，而建档立卡户支出次多的是医疗支出。非建档立卡户支出排第三位的是礼金支出，而建档立卡户则是教育支出。非建档立卡户支出排第四位的是教育支出，而建档立卡户则是礼金支出。这说明，除了食品支出外，贫困户最大的负担是医疗支出、教育支出与人情往来支出。

非建档立卡户与建档立卡户的各项支出金额差距更大。在户均总支出方面，非建档立卡户是建档立卡户的2.23倍。在非农业经营支出上，非建档立卡户是建档立卡户的196倍；在食品支出上，非建档立卡户是建档立卡户的1.6倍；在教育支出上，非建档立卡户是建档立卡户的1.3倍；在人情往来支出上，非建档立卡户是建档立卡户的2.5倍；但在医疗出上，建档立卡户反而是非建档立卡户的2.1倍。这些支出项目，从一个侧面反映出非建档立卡户与建档立卡户的贫富差距。

另外，从借贷方面，也能看到非建档立卡户与建档立卡户的差距。被调查的龙凤村农户中，2016年底非建档立卡户户均存款3789元，而建档立卡户户均存款仅83元，前者是后者的45.7倍；非建档立卡户户均贷款44316元，而建档立卡户户均贷款为28833元，前者是后者的1.5倍（见表1-13）。

表 1-13　2016 年底龙凤村村民存贷款情况

单位：元

款项	非建档立卡户户均额	建档立卡户户均额
家庭存款 （包括借出的钱）	3789	83
家庭贷款 （包括借入私人的钱）	44316	28833

六　耐用消费品、大型机械、通信工具拥有情况

2017 年，龙凤村被调查农户在耐用消费品、大型机械及通信工具拥有情况，显示了非建档立卡户与建档立卡户的差别。

户均家庭耐用消费品方面，彩色电视机基本普及，差别不大，非建档立卡户比建档立卡户高 0.17 台；洗衣机的普及率也比较高，非建档立卡户比建档立卡户高 0.17 台。拥有家庭耐用消费品差别表现在电冰箱或冰柜、电脑方面，非建档立卡户户均电冰箱或冰柜的拥有量比建档立卡户高 0.43 台，非建档立卡户户均拥有 0.11 台电脑，而建档立卡户为 0。户均拥有的手机及联网的智能手机，非建档立卡户与建档立卡户相差无几。

在交通工具及大型机械方面，非建档立卡户多于建档立卡户。非建档立卡户户均摩托车（电动自行车、三轮车）的拥有量比建档立卡户高 0.27 辆；非建档立卡户户均轿车（面包车）的拥有量比建档立卡户高 0.13 辆；非建档立卡户户均卡车（中巴车、大客车）的拥有量比建档立卡户高 0.08 辆；非建档立卡户户均拖拉机的拥有量比建档立卡户高 0.05 辆；非建档立卡户户均耕作机械的拥有量比建档立卡户高 0.07 辆；

非建档立卡户户均其他农业机械的拥有量比建档立卡户高0.02 辆；播种机户均拥有量二者一样（见表1–14）。

表1-14　龙凤村农户户均家庭耐用消费品、大型机械及通信工具情况

项目	非建档立卡户	建档立卡户
彩色电视机（台）	0.92	0.75
空调（台）	0.03	0
洗衣机（台）	1	0.83
电冰箱或冰柜（台）	0.74	0.31
电脑（台）	0.11	0
固定电话（部）	0	0
手机（部）	2.42	2.19
收割机（辆）	0	0.03
联网的智能手机（部）	1.32	1.36
摩托车/电动自行车/三轮车（辆）	0.71	0.44
轿车/面包车（辆）	0.16	0.03
卡车/中巴车/大客车（辆）	0.11	0.03
拖拉机（辆）	0.24	0.19
耕作机械（辆）	0.18	0.11
播种机（辆）	0.03	0.03
其他农业机械设施（辆）	0.05	0.03

第四节　居住环境

龙凤村村容村貌虽有很大的改善，但村内仍然存在"脏乱差"现象，村内仅有1处垃圾池、2个垃圾箱，集中处理

的垃圾仅占 14%；村里部分道路排水不畅，雨天泥泞不堪；村里无户用沼气池，居民烧煤做饭取暖；居住环境比较差。

一 住房状况

龙凤村户均宅基地面积为 100 平方米，住房多为钢筋水泥楼房，或砖瓦楼房。前两年在改造农村人居环境时，上级政府给予修缮房屋补助，村里有一半以上的住房已改造为贵州特色的两层小楼。成片改造，村容颇为美丽。

龙凤村被调查的 74 户村民，非建档立卡户住房类型为平房的占 55.6%，为楼房的占 44.4%；而建档立卡户住房类型为平房的占 34.3%，为楼房的占 65.7%（见表 1-15）。其实，住房条件不能真正反映出是否贫困户，建档立卡户住楼房较多，是因为近年来政府扶贫政策的帮扶，而没有被认定为贫困户的村民无力翻修住房。

表 1-15　龙凤村村民的住房类型

单位：户，%

住房类型	非建档立卡户		建档立卡户	
	有效户数	有效占比	有效户数	有效占比
平房	20	55.6	12	34.3
楼房	16	44.4	23	65.7
合计	36	100	35	100

住房状况一般或良好的，非建档立卡户占比为 91.9%，而建档立卡户占比为 97.2%；政府认定危房的，非建档立卡户占比为 2.7%，而建档立卡户已经没有危房；没有认定但属于危房的，非建档立卡户占比为 5.4%，而建档立卡户

占比为 2.8%。因此，可以看到，贫困户在住房上享受到了更多的政府资助（见表 1-16）。

表 1-16　龙凤村村民的住房状况

单位：户，%

住房状况	非建档立卡户		建档立卡户	
	有效户数	有效占比	有效户数	有效占比
状况一般或良好	34	91.9	35	97.2
政府认定危房	1	2.7	0	—
没有认定，但属于危房	2	5.4	1	2.8
合计	37	100	36	100

从住房建筑材料看，龙凤村非建档立卡户只有 1 户有竹草土坯房，占比为 2.3%；砖瓦砖木住房占比为 13.6%；砖混材料住房占比为 70.5%；钢筋混凝土材料住房占比为 13.6%。建档立卡户已经没有竹草土坯房；砖瓦砖木住房占比为 23.7%，高于非建档立卡户 10.1 个百分点；砖混材料住房占比为 71.1%，高于非建档立卡户 0.6 个百分点；钢筋混凝土材料住房占比为 5.2%，低于非建档立卡户 8.4 个百分点（见表 1-17）。

表 1-17　龙凤村村民住房建筑材料构成

单位：户，%

住房的建筑材料	非建档立卡户		建档立卡户	
	户数	所占比例	户数	所占比例
竹草土坯	1	2.3	0	—
砖瓦砖木	6	13.6	9	23.7
砖混材料	31	70.5	27	71.1
钢筋混凝土	6	13.6	2	5.2
其他（注明）	0	—	0	—
合计	44	100	38	100

注：有的村民有多处住房，各处住房的建筑材料不同，分别统计，所以合计数会超过被调查户数。

从住房建筑面积看，非建档立卡户与建档立卡户差别不大。100平方米以下的住房，非建档立卡户占比为31.8%，建档立卡户占比为34.2%，前者比后者低2.4个百分点；101~200平方米的住房，非建档立卡户占比为27.3%，建档立卡户占比为31.6%，前者比后者低4.3个百分点；201~300平方米的住房，非建档立卡户占比为22.7%，建档立卡户占比为23.7%，前者比后者低1个百分点；301~400平方米的住房，非建档立卡户占比为9.1%，建档立卡户占比为7.9%，前者比后者高1.2个百分点；400平方米以上的住房，非建档立卡户占比为9.1%，建档立卡户占比为2.6%，前者比后者高6.5个百分点（见表1-18）。当然，住房面积多少不能完全反映家庭的贫富程度，有的建档立卡户住房面积大，但多是破房、旧房。

表1-18 龙凤村村民住房面积情况

单位：户，%

建筑面积区间	非建档立卡户		建档立卡户	
（平方米）	户数	所占比例	户数	所占比例
0~100	14	31.8	13	34.2
101~200	12	27.3	12	31.6
201~300	10	22.7	9	23.7
301~400	4	9.1	3	7.9
≥ 401	4	9.1	1	2.6
合计	44	100	38	100

注：有的村民有多处住房，各处住房面积不同，分别统计，所以合计数会超过被调查的户数。

建造或购买房屋一直是家庭的支出大头，很多时候要耗尽家庭十多年的积累。建档立卡户房屋修建时间多是2010年之后，正反映了政府加大扶贫力度后，其在政府资助下修建了房屋。而非建档立卡户2000~2010年修建造的房屋所占比例较高。2013年以后，龙凤村建造一处楼房，价格多集中在18万元左右。如果是建档立卡户，一半以上的费用由政府承担。

龙凤村村民对于住房条件满意程度比较高，有60.6%的非建档立卡户表示非常满意或比较满意，有69.4%的建档立卡户表示非常满意或比较满意。这表明政府在扶贫中资助贫困户修建房屋的政策，得到了贫困户的肯定（见表1-19）。

表1-19　龙凤村村民住房条件的满意度

单位：户，%

满意程度	非建档立卡户		建档立卡户	
	有效户数	有效占比	有效户数	有效占比
非常满意	12	31.7	12	33.3
比较满意	11	28.9	13	36.1
一般	11	28.9	8	22.2
不太满意	3	7.9	2	5.6
很不满意	1	2.6	1	2.8
总计	38	100	36	100

二　生活用能情况

贵州省是煤炭工业大省，龙凤村村民做饭使用的能源多是煤炭。非建档立卡户已没有人使用柴草做饭，而建档立卡户还有5.6%的家庭在使用柴草做饭；使用煤炭做饭所占比例，非建档立卡户为68.4%，建档立卡户为47.2%，前者比后者高21.2个百分点；1户非建档立卡户使用罐装液化石油气做饭，而建档立卡户无人使用；使用电力做饭所占比例，非建档立卡户为 28.9%，建档立卡户为 47.2%，前者比后者低 18.3 个百分点。龙凤村村民无人使用管道液化石油气、管道煤气、管道天然气、燃料用油、沼气等能源做饭（见表 1–20）。

表 1–20　龙凤村村民的主要炊事用能源

单位：户，%

最主要炊事用能源（单选）	非建档立卡户		建档立卡户	
	有效户数	有效占比	有效户数	有效占比
柴草	0	—	2	5.6
煤炭	26	68.4	17	47.2
罐装液化石油气	1	2.6	0	—
电	11	28.9	17	47.2
合计	38	100	36	100

　　龙凤村村民在取暖使用能源上，煤炭仍然是最主要的能源，其次是使用电能。没有取暖设施的住户所占比例，非建档立卡户为 7.9%，建档立卡户为 2.8%，前者比后者高 5.1 个百分点；用炕取暖的住户所占比例，非建档立卡户为 2.6%，建档立卡户为 2.8%，二者相差不大；用电暖气取暖的住户所占比例，非建档立卡户为 15.8%，建档立卡户为 2.8%，前者比后者高 13 个百分点；使用其他方式取暖的住户所占比例，非建档立卡户为 2.6%，建档立卡户为 8.3%，前者比后者低 5.7 个百分点。村民没有使用土暖气、空调取暖的（见表 1–21）。

　　在农村，家里是否有沐浴设施，基本能够反映出一个家庭的经济状况。龙凤村没有沐浴设施所占比例，非建档

表 1-21　龙凤村村民的取暖设施

单位：户，%

主要取暖设施	非建档立卡户		建档立卡户	
	有效户数	有效占比	有效户数	有效占比
无	3	7.9	1	2.8
炕	1	2.6	1	2.8
炉子	27	71.1	30	83.3
电暖气	6	15.8	1	2.8
其他	1	2.6	3	8.3
合计	38	100	36	100

立卡户为48.6%，建档立卡户为83.3%，后者比前者高出34.7个百分点；使用电热水器沐浴的家庭所占的比例，非建档立卡户为18.9%，建档立卡户为2.8%，前者比后者高出16.1个百分点；使用太阳能热水器沐浴的家庭所占的比例，非建档立卡户为24.3%，建档立卡户为12.3%，前者比后者高出12个百分点；使用其他设施沐浴的家庭所占的比例，非建档立卡户为8.1%，建档立卡户为13.9%，后者比前者高出5.8个百分点（见表1-22）。

表 1-22　龙凤村村民的沐浴设施

单位：户，%

沐浴设施	非建档立卡户		建档立卡户	
	有效户数	有效占比	有效户数	有效占比
无	18	48.6	30	83.3
电热水器	7	18.9	1	2.8
太阳能	9	24.3	0	12.3
其他	3	8.1	5	13.9
合计	37	100	36	100

三 饮用水情况

龙凤村是一个小山村,村民在饮用水方面存在困难。

从主要饮用水水源看,饮用经过净化处理的自来水的家庭所占的比例,非建档立卡户为7.9%,建档立卡户为22.2%,前者比后者低14.3个百分点;饮用受保护的井水和泉水的家庭所占的比例,非建档立卡户为18.4%,建档立卡户为8.3%,前者比后者高10.1个百分点;饮用不受保护的井水和泉水的家庭所占的比例,非建档立卡户为34.2%,建档立卡户为36.1%,二者相差不大;饮用收集的雨水的家庭所占的比例,非建档立卡户为23.7%,建档立卡户为25.0%,二者也相差无几;饮用其他水源的家庭所占的比例,非建档立卡户为15.8%,建档立卡户为5.6%,前者比后者高10.2个百分点。可以看出,农户大部分饮水和生活用水困难,得不到保障,而富裕家庭更有经济能力得到卫生的饮用水(见表1-23)。

表1-23 龙凤村村民主要饮用水源情况

单位:户,%

最主要饮用水源	非建档立卡户		建档立卡户	
	有效户数	有效占比	有效户数	有效占比
经过净化处理的自来水	3	7.9	8	22.2
受保护的井水和泉水	7	18.4	3	8.3
不受保护的井水和泉水	13	34.2	13	36.1
江河湖泊水	0	—	0	—
收集雨水	9	23.7	9	25.0
桶装水	0	—	1	2.8
其他水源	6	15.8	2	5.6
合计	38	100	36	100

龙凤村在饮用水管道建设方面还比较落后。只有约一半的住户供水管道已经入户，还有一小半住户不能使用管道供水。取水时间长，用水时常间断，村民饮水困难（见表1-24、表1-25）。

表1-24　龙凤村供水管道建设情况

单位：户，%

是否有 管道供水	非建档立卡户		建档立卡户	
	有效户数	有效占比	有效户数	有效占比
管道供水入户	18	47.3	18	50.0
管道供水至公共取水点	4	10.5	1	2.8
没有管道设施	16	42.2	17	47.2
合计	38	100	36	100

表1-25　龙凤村村民饮水困难情况

单位：户

是否存在饮水困难（可多选）	非建档立卡户户数	建档立卡户户数
单次取水往返时间超过半小时	6	5
间断或定时供水	12	9
当年连续缺水时间超过15天	20	10
无上述困难	9	16
合计	47	40

四　生活垃圾处理情况

近年来，农村生活垃圾处理不足，成为影响生活环境的重要源头。

从厕所类型看，龙凤村村民主要使用传统旱厕。使用传统旱厕的家庭占比，非建档立卡户为86.8%，建档立卡户为 91.6%，前者比后者低 4.8 个百分点；使用卫生厕所的家庭占比，非建档立卡户为 10.5%，建档立卡户为2.7%，前者比后者高 7.8 个百分点。一般而言，家庭经济情况较好的家庭，更有能力使用卫生厕所（见表 1-26）。

表 1-26　龙凤村村民的厕所类型

单位：户，%

厕所类型	非建档立卡户		非建档立卡户	
	有效户数	有效占比	有效户数	有效占比
传统旱厕	33	86.8	33	91.6
卫生厕所	4	10.5	1	2.7
其他	1	2.6	2	5.6
合计	38	100	36	100

在处理生活垃圾方面，约一半的住户把垃圾送到垃圾池，约一小半的住户定点堆放，但随意丢弃的现象也很常见（见表 1-27）。

表 1-27　龙凤村村民生活垃圾处理情况

单位：户，%

生活垃圾处理	非建档立卡户		建档立卡户	
	有效户数	有效占比	有效户数	有效占比
送到垃圾池等	18	47.4	18	50.0
定点堆放	16	42.1	15	41.7
随意丢弃	3	7.9	1	2.8
其他	1	2.6	2	5.5
合计	38	100	36	100

由于缺乏排放污水的管道，龙凤村村民生活污水非常不卫生。只有很少的住户有条件排放到管道里，绝大多数

家庭采用随意排放的方式处理生活污水。有7.9%的非建档立卡户把污水排放到家里的渗井里。排放到院外沟渠的家庭占比，非建档立卡户为44.7%，建档立卡户为41.7%；随意排放污水的家庭占比，非建档立卡户为36.9%，建档立卡户为47.2%（见表1-28）。

表1-28 龙凤村村民生活污水排放情况

单位：户，%

生活污水排放	非建档立卡户		建档立卡户	
	有效户数	有效占比	有效户数	有效占比
管道排放	1	2.6	2	5.6
排到家里渗井	3	7.9	0	—
院外沟渠	17	44.7	15	41.7
随意排放	14	36.9	17	47.2
其他	3	7.9	2	5.6
合计	38	100	36	100

五 交通通信

龙凤村村内道路状况较好。非建档立卡户中，有36户（占被调查户的94.7%）离最近硬化公路的距离在百米之内，另外2户分别距离300米、6000米。建档立卡户中，有32户（占被调查户的88.9%）离最近硬化公路在百米之内，其余家庭也均在500米之内。

村内通往住户的道路类型中，通往非建档立卡户的路均是水泥路或柏油路；通往建档立卡户的道路主要是水泥路或柏油路，仅有2户（占被调查户的5.6%）通户道路为土路。

在通信方面，全村使用卫星电视的用户有 600 余户，但家中没有电视机的约有 200 余户。使用智能手机的有 2968 人，村里手机信号全覆盖。村委会配有公用电脑，有 20 户家庭自己备有电脑，有 16 户开通互联网宽带。被调查的非建档立卡户中，有 5 家装有互联网宽带，所占比例为 13.1%；建档立卡户只有 2 家装有互联网宽带，所占比例为 5.6%。

六　对居住环境的满意程度

龙凤村村民对环境污染感到不满。非建档立卡户最不满的前三项污染分别是垃圾污染、水污染和土壤污染，建档立卡户最不满的前三项污染分别是土壤污染、垃圾污染和水污染（见表 1-29）。

表 1-29　龙凤村村民对环境污染状况的认识

污染项目	非建档立卡户		建档立卡户	
	有效回答频次	占非建档立卡户的比重（%）	有效回答频次	占建档立卡户的比重（%）
水污染	5	13.2	2	5.7
空气污染	2	5.3	1	2.8
噪声污染	3	7.9	2	5.6
土壤污染	4	10.8	8	22.2
垃圾污染	9	23.7	3	8.3
合计	23	100	16	100

即便对垃圾污染、水污染、土壤污染等环境污染不满，龙凤村村民整体上对于自家周围的居住环境满意度还

是比较高的。非建档立卡户对居住环境非常满意和比较满意所占比例达 55.3%，建档立卡户对居住环境非常满意和比较满意所占比例达 61.8%；非建档立卡户对居住不太满意所占比例达到 7.9%，建档立卡户对居住环境不太满意所占比例达到 2.9%（见表 1-30）。

表 1-30　龙凤村村民对居住环境的满意程度

单位：户，%

满意程度	非建档立卡户		建档立卡户	
	有效户数	有效占比	有效户数	有效占比
非常满意	6	15.8	9	26.5
比较满意	15	39.5	12	35.3
一般	14	36.8	12	35.3
不太满意	3	7.9	1	2.9
很不满意	0	—	0	—
合计	38	100	34	100

第五节　社会事业发展状况

一　教育情况

2013 年以来，七星关区办学条件有重大改善。

2013 年末，七星关区有公办、民办幼儿园 62 所，教职工 673 人，入园人数 13427 人；有公办、民办小学 367 所，教职工 7571 人，小学生 159686 人；有普通中学 112 所，教职工 5950 人，在校生 93469 人；有普通中等职业技术学校 6 所，教职工 527 人，在校生 20353 人；有特殊教育学校 1 所，教职工 72 人，学生 446 人。

2014 年，全区新增幼儿园 39 所，建成农村寄宿制学校学生宿舍 18.46 万平方米。截至 2016 年末，全区新建和改扩建义务教育阶段学校 12 所，完成薄弱学校改造 35 所，新增幼儿园 322 所，基本实现山村幼儿园全覆盖，基本普及十五年教育。学前教育三年毛入园（班）率达到 76.8%，小学适龄儿童入学率达到 99.75%，初中阶段毛入学率达到 104.7%，高中阶段毛入学率达到 85.65%。全面落实了农村义务教育阶段学校营养餐计划。

龙凤村有卫生室，无文化室。有小学 1 所，学龄儿童 456 人，其中，女童 280 人；在校生 176 人。文盲人数 150 人，其中妇女文盲人数 90 人；文盲率 11%，其中，女文盲率 6.2%。村小学 2012 年开始建设，上级拨款 600 万元，2015 年建成。

本村 3~5 岁儿童有 96 人，其中不在学的有 91 人。村内无幼儿园、托儿所。5 个儿童上幼儿园，每月费用 5 元。20 名学前班儿童，每月费用 150 元。

龙凤村有小学阶段适龄儿童 124 人，其中，女生有 51 人。龙凤村的孩子大多在本村小学上学，也有一些孩子随父母在外地上学。在外地小学上学有的 65 人，其中女生有 25 人。这 65 名小学生中，又有 41 个孩子在毕节市以外的学校上学，其中女生有 17 人。除本村孩子在龙凤村小学上学外，附近村庄部分孩子也在龙凤村的小学上学，学校学生人数为 210 人，其中女生有 109 人。没有失学、辍学学生。本村小学为六年制小学，有 13 位公办教师、11 位非公办教师。提供午餐，每餐 4 元。

在乡镇中学上学 191 人，其中女生 87 人，住校生 21 人，中学提供午餐和补助。在县城中学上学 63 人，其中女生 27 人。去外地中学上学 10 人，其中女生 6 人。

村内举办农业技术讲座 6 次，有 2 个技术人员获得县级以上技术证书。村民参加职业技术培训 350 人次。村里有 1 个图书室。

二 医疗卫生情况

医疗卫生方面，2013 年末，七星关区实有卫生机构 1342 个（含诊所），卫生机构实有床位 8571 床，医院、卫生院技术人员（不含诊所）4021 人。

2016 年，七星关区初步建立了"四位一体"的农村医疗保健服务体系。城乡居民基本医疗保险参保人数从 86.2 万增加到 110.5 万。区卫生监督所、妇幼保健院业务用房和 23 个乡镇卫生院、399 个村卫生室标准化建设，均全面完成。每千名常住人口拥有医疗床位 5.6 张、执业（助理）医师 1.52 人、执业注册护士 2.4 人，实现基层医疗卫生"五个全覆盖"。

龙凤村是农村医疗保健服务体系建设的受益者。2016 年，村里有 1 家卫生室、2 家药店、2 名村医。村卫生室面积约 100 平方米，2016 年 6 月开始建设，10 月建成，上级政府共拨款 15 万元。全村基本医疗卫生能够得到满足，2016 年全村无 5 岁以下儿童死亡，无孕产妇死亡，无自杀者。全村参加新型合作医疗的有 750 户 2150 人，每人每年缴费 90 元。2015 年参加卫生计生培训班 376 人次，支出费用 2.5 万元，支出经费来自上级行业管理部门。2016 年参加卫生计生培训班 268 人次，支出费用 2 万元，经费也是来自上级行业管理部门。

三 社会保障

2016 年，七星关区城乡居民社会养老保险参保人数达到 45 万人。最低社会保障基本实现了"应保尽保、应退尽退"，有效保障 11.62 万城乡居民的最低生活。在农村五保对象供养，在留守儿童、困境儿童、空巢老人、残疾人关爱方面，为 11.8 万困难群众的基本生活提供有效保障。建成各类保障性住房 2.3 万套，向低收入住房困难家庭发放租赁补贴 1405 万元。建成 103 个农村幸福院、170 个居家养老服务中心，新建和改建 31 所敬老院。供养农村五保对象 4495 人。投入 500 万元，设立留守儿童关爱基金。发放临时救助金 950.2 万元，临时救助 7066 人次。发放医疗救助金 1.2 亿元，救助 67.1 万人次。建设各类保障房 31376 套。

龙凤村 2016 年参加社会养老保险的有 208 户 416 人。全村低保户人数有 103 人。村里无敬老院，五保供养的有 10 人，5 人集中供养，5 人集中与分散供养相结合。

四 村民对生活状况的感受

龙凤村村民对当前生活满意的占比较大。对于当前生活状况，"非常满意"和"比较满意"的住户所占的比例，非建档立卡户为57.9%，建档立卡户为44.4%，前者比后者高出13.5个百分点；认为"不太满意"的住户占比，非建档立卡户为7.9%，建档立卡户为16.7%，后者比前者高出8.8个百分点；有5.3%的非建档立卡户表示"很不满意"，而建档立卡户无人表示"很不满意"。总体而言，建档立卡户对现在生活状况的满意度不及非建档立卡户（见表1–31）。

表1–31 龙凤村村民对当前生活状况的满意程度

单位：户，%

对当前生活状况满意程度	非建档立卡户		建档立卡户	
	有效户数	有效占比	有效户数	有效占比
非常满意	6	15.8	3	8.3
比较满意	16	42.1	13	36.1
一般	11	28.9	14	38.9
不太满意	3	7.9	6	16.7
很不满意	2	5.3	0	—
合计	38	100	36	100

龙凤村村民对于过去5年来生活的变化有强烈的感受。认为"好很多"和"好一些"住户所占比例，非建档立卡户为92.1%，建档立卡户为77.2%，前者比后者高14.9个百分点；认为"差不多"的住户所占比例，非建档立卡户为5.3%，建档立卡户为20.0%，前者比后者低14.7个百分点。非建档立卡户对于生活变好的感受更为显著（见表1–32）。

表 1-32 龙凤村村民对于近 5 年来生活变化的感受

单位：户，%

变化程度	非建档立卡户		建档立卡户	
	有效户数	有效占比	有效户数	有效占比
好很多	22	57.9	10	28.6
好一些	13	34.2	17	48.6
差不多	2	5.3	7	20.0
差一些	1	2.6	0	—
差很多	0	—	1	2.8
合计	38	100	35	100

对于未来 5 年家庭生活的变化，非建档立卡户更有信心认为会变好。认为自己的生活会"好很多"和"好一些"的家庭所占比例，非建档立卡户为 92.1%，建档立卡户为 82.8%，前者比后者高 9.3 个百分点；认为自己的生活会"差不多"的家庭所占比例，非建档立卡户为 7.9%，建档立卡户为 11.4%，前者比后者低 3.5 个百分点；另外，1 户建档立卡户认为会"差很多"，1 户建档立卡户认为"不好说"，对未来很悲观（见表 1-33）。

表 1-33 龙凤村村民对 5 年后自己家庭生活变化的认识

单位：户，%

变化程度	非建档立卡户		建档立卡户	
	有效户数	有效占比	有效户数	有效占比
好很多	21	55.3	9	25.7
好一些	14	36.8	20	57.1
差不多	3	7.9	4	11.4
差一些	0	—	0	—
差很多	0	—	1	2.9
不好说	0	—	1	2.9
合计	38	100	35	100

那么，这些被调查户如何对比自己与亲朋好友的生活水平差距呢？认为自己"好很多"和"好一些"的家庭所占比例，非建档立卡户为21.1%，建档立卡户为8.3%，前者比后者高12.8个百分点；认为自己"差不多"的家庭所占比例，非建档立卡户为63.2%，建档立卡户为55.6%，前者比后者高7.6个百分点；认为自己"差一些"的家庭所占比例，非建档立卡户为15.8%，建档立卡户为30.6%，前者比后者低14.8个百分点；还有2户建档立卡户认为自己"差很多"。建档立卡户中认为比亲朋好友生活"差一些"或"差很多"的要高于非建档立卡户（见表1-34）。

表1-34　龙凤村村民与亲朋好友对比的生活感受

单位：户，%

感觉	非建档立卡户		建档立卡户	
	有效户数	有效占比	有效户数	有效占比
好很多	2	5.3	0	—
好一些	6	15.8	3	8.3
差不多	24	63.2	20	55.6
差一些	6	15.8	11	30.6
差很多	0	—	2	5.6
合计	38	100	36	100

这些被调查户又是如何对比自己与村里大多数家庭生活水平的差距呢？认为自己过得"非常满意"和"比较满意"的家庭所占比例，非建档立卡户为31.5%，建档立卡户为8.3%，前者比后者高23.2个百分点；认为自己过得"一般"的家庭所占比例，非建档立卡户为60.5%，建档立

卡户为 55.6%，前者比后者高 4.9 个百分点；认为自己过得"不太满意"的家庭所占比例，非建档立卡户为 5.3%，建档立卡户为 25.0%，前者比后者低 19.7 个百分点；认为自己过得"很不满意"的家庭所占比例，非建档立卡户为 2.6%，建档立卡户为 11.1%，前者比后者低 8.5 个百分点。可见，无论是非建档立卡户还是建档立卡户大部分人都认为自己与本村人相比生活过得一般，而建档立卡户认为与本村人相比，"不太满意"或"很不满意"的比例要高于非建档立卡户（见表 1-35）。

表 1-35　龙凤村村民生活与本村多数人对比后的感受

单位：户，%

满意程度	非建档立卡户		建档立卡户	
	有效户数	有效占比	有效户数	有效占比
非常满意	1	2.6	0	—
比较满意	11	28.9	3	8.3
一般	23	60.5	20	55.6
不太满意	2	5.3	9	25.0
很不满意	1	2.6	4	11.1
合计	38	100	36	100

　　龙凤村资源环境禀赋在经济发展方面并没有多少优势。经济发展欠佳，社会事业发展也比较滞后。因此，扶贫任务任重道远。

第二章

七星关区政府精准扶贫措施

七星关区政府在贫困户精准识别方面，推出了"四看法"，基本上能够识别出需要重点扶持的贫困户。在实施精准扶贫实践中，七星关区形成了"一市五金多套餐"精准扶贫帮扶机制。七星关区政府还确定了基础设施建设扶贫、产业扶贫、教育扶贫等精准扶贫十项措施。这些政策措施，推进了全区精准扶贫的开展。

第一节 贫困户的精准识别

一 精准识别贫困户"四看法"

精准扶贫首先要做到精准识别贫困户，精准识别贫困人口是整个扶贫的基础工作、关键环节。毕节市七星关区在扶贫实践中，探索出精准识别贫困户的"四看法"，即"一看房，二看粮，三看劳动力强不强，四看家中有没有读书郎"的办法，以精准识别出扶贫对象。

"一看房"，就是通过看农户的居住条件和生活环境，估算其贫困程度，占 20 分。农户分值越低，说明贫困程度越深（见表 2-1）。

表 2-1 毕节七星关区"一看房"评分标准

单位：分

评分内容及分值	评分标准	标准值
住房条件（5分）	有安全住房	5
	二、三级危房	3
	一级危房或无房	0
人均住房面积（5分）	30平方米以上	5
	10~30平方米	4
	10平方米以下	2
出行条件（4分）	通硬化路	4
	通路未硬化	2
	未通路	0
饮水条件（2分）	有安全饮用的自来水	2
	有供人饮用的小水窖或集中取水	1
	没有解决安全水问题	0

评分内容及分值	评分标准	标准值
用电条件（2分）	"同网同价"，有一些家用电器	2
	没有"同网同价"，但用电有保证	1
	用电没保证	0
生产条件（2分）	有农机具	2
	无农机具	0

"二看粮"，就是通过看农户的土地情况和生产条件，估算其农业收入和食品支出，占30分。得分越低，越是贫困户（见表2-2）。

表2-2 毕节七星关区"二看粮"评分标准

单位：分

评分内容及分值	评分标准		标准值
人均经营耕地面积（8分）	2亩以上		8
	1~2亩		6
	1亩以下		4
	没耕地		0
种植结构（8分）（经果林或经济作物其中一项最高可得8分，但两项之和不能超过8分）	人均经果林	1亩以上	8
		0.5~1亩	6
		0.5亩以下	4
		没有经果林	0
	人均经济作物收益	500元以上	8
		300~500元	6
		200~300元	4
		200元以下	2
		没有经果林和经济作物，但流转土地给他人（每增加1亩相应增加2分，最高不得超过种植结构总分8分）	2
人均占有粮食（6分）	330斤以上		6
	210~330斤		4
	210斤以下		2

评分内容及分值	评分标准	标准值
人均家庭养殖收益（8分）	1000元以上	8
	500~1000元	6
	200~500元	4
	200元以下	2

"三看劳动力强不强"，就是通过看农户的劳动力状况、劳动技能掌握状况和有无病残人口，估算其务工收入和医疗支出，占30分。与前两项评价标准一样，得分越低，家庭越贫困（见表2-3）。

表2-3　毕节七星关区"三看劳动力强不强"评分标准

单位：分

评分内容及分值	评分标准		标准值
劳动力占家庭人口数（8分）	50%以上		8
	40%		6
	20%以下		3
	没有劳动力		0
健康状况（8分）	家庭成员健康		8
	主要劳动力健康，其他成员有不同程度残障或病患		6
	主要劳动力患有疾病，部分丧失劳动力		4
	家庭成员残障或常年多病		2
劳动力素质（8分）（两项指标如同时出现几种因素，以最高分计算）	文化程度（4分）	初中以上	4
		小学	2
		文盲	0
	培训（4分）	掌握1门以上适用技术	4
		参加培训但未完全掌握适用技术	2
		既未参加过培训又不掌握适用技术	0
人均务工收入（6分）	1000元以上		6
	500~1000元		4
	500元以下		2
	没有务工收入		0

"四看家中有没有读书郎"，就是通过看农户受教育程度和在校生现状等，估算其发展潜力和教育支出，占20分。得分越低，家庭越可能贫困（见表2-4）。

表2-4 毕节七星关区"四看家中有没有读书郎"评分标准

单位：分

评分内容及分值	评分标准	标准值
教育负债（12分）	没有负债	12
	5000 元以下	8
	5000~10000 元	4
	10000 元以上	0
教育回报（8分）（如同时出现几种因素的，以最高分计算）	有大专（或高职）以上在校生	8
	有高中（或中职）在校生	4
	有初中以下在校生	2
	没有在校生	0

二 建档立卡贫困户的动态调整

七星关区政府在精准扶贫日常管理方面，建立了一整套规章制度。政府要求各村建立贫困户档案，做好建档立卡工作，时刻确保扶贫对象精准。建立了"户有卡、村有账、乡（镇）有薄、县有平台"制度，造册登记，规范贫困对象的进退机制，对贫困人口实行动态管理。

2017 年课题组在龙凤村进行调研，共抽样 74 户，对建档立卡动态管理情况做了调查。38 户非建档立卡户中，有 5 户曾经是建档立卡户，已经脱贫了；而 36 户建档立卡户中有 7 户曾经是建档立卡户，后来脱贫，从建档立卡户名单中调整出去了，但再次返贫，重新被列为建档立卡户；另外的 29 户一直是建档立卡户，没有脱贫。这个统计说明，在过去的两年中，有 12 户农户已经脱贫，但其中又有 7 户农户返贫。在调查的建档立卡户中，重新返贫的比例超过了 19%，扶贫工作十分艰巨。这也从另一个角度说明，龙凤村每年都对精准扶贫户进行动态调整（见表 2-5 和表 2-6）。

表 2-5　2017 年龙凤村建档立卡贫困户调整情况

单位：户，%

是否曾经为建档立卡贫困户	非建档立卡户		建档立卡户	
	有效统计数	有效占比	有效统计数	有效占比
是	5	13.2	7	19.4
不是	33	86.8	29	80.6
不清楚	0	—	0	—
总计	38	100	36	100

表 2-6　龙凤村建档立卡户调整情况

单位：户，%

调整时间	非建档立卡户		建档立卡户	
	有效统计数	有效占比	有效统计数	有效占比
2015 年	3	60.0	3	42.8
2016 年	2	40.0	4	57.2
2017 年	0	—	0	—
总计	5	100	7	100

龙凤村在调整建档立卡户时，乡村干部会做细致的调查走访工作。2017 年调整建档立卡户时，被调查者中，有 5 户非建档立卡户、7 户建档立卡户回答说乡村干部到家里调查过。乡村干部均挨家挨户调查了实际情况。建档立卡户调整时，绝大部分农户都签字了，只有少数农户没有签字或不知道（见表 2-7 和表 2-8）。

表 2-7　2017 年龙凤村调整建档立卡户时走访情况

单位：户，%

调整时，乡村干部有没有来你家调查	非建档立卡户		建档立卡户	
	有效统计数	有效占比	有效统计数	有效占比
来过	5	100	7	100
没来过	0	—	0	—
不知道	0	—	0	—
总计	5	100	7	100

表 2-8　2017 年龙凤村调整建档立卡户时农户签字情况

单位：户

签字情况	非建档立卡户	建档立卡户
	有效统计数	有效统计数
签了字	5	5
盖了章	0	0
没有	0	1
不知道	0	1
总计	5	7

按照规定，建档立卡户调整后应该将名单公示出来。龙凤村被调整出贫困户名单的建档立卡户是否全知道呢？2017年调查问卷显示，5 户非建档立卡户、5 户建档立卡户回答说调整后的名单公示了，2 户建档立卡户回答说不知道。根据这一情况，我们可以判断，龙凤村调整建档立卡户时，按规定做了公示（见表 2-9）。

表 2-9　龙凤村曾经的贫困户对建档立卡户调整后名单的知晓情况

单位：户

调整后的名单有没有公示	非建档立卡户	建档立卡户
	有效统计数	有效统计数
有	5	5
没有	0	0
不知道	0	2
总计	5	7

村民对精准识别及建档立卡户动态调整情况是否满意呢?

2017 年调查问卷显示，曾经是贫困户的 5 户非建档立卡户中，5 户对调整结果满意，5 户对调整程序满意；曾经脱贫又返贫的 7 户建档立卡户中，5 户对调整结果满意，5 户对调整程序满意，另外，各有 1 户对调整结果、调整程序不满意，各有 1 户对调整结果、调整程序无所谓（见表 2-10）。说明非建档立卡户对调整结果与程序的满意度高于建档立卡户，同时也说明龙凤村在调整建档立卡户过程中还存在某些问题尚未妥善解决。

表 2-10　龙凤村曾经的贫困户对建档立卡户调整结果与程序的满意度

单位：户

对调整的满意度	非建档立卡户		建档立卡户	
	调整结果	调整程序	调整结果	调整程序
满意	5	5	5	5
不满意	0	0	1	1
无所谓	0	0	1	1
总计	5	5	7	7

第二节　"一市五金多套餐"精准扶贫机制

一　"一市五金多套餐"扶贫体系

毕节市七星关区政府为推动精准扶贫，建立了"一市五金多套餐"精准扶贫机制。

"一市"就是由政府建立"苗木超市"免费提供苗木，群众"进超市"自主选苗、自主种植、自主管理、自身受益。"五金"是指政府设立特殊困难群众大病医疗垫底周转基金、精准扶贫产业发展基金、精准扶贫小额贷款贴息基金、精准扶贫产业发展风险兜底基金、精准扶贫贷款担保基金，以支持精准扶贫工作的深入推进。"多套餐"是指政府根据毕节全市农业板块经济发展规划，结合农业产业调整方向，编制投资少、见效快、效益好的精准扶贫"套餐"目录和操作手册，供贫困农户结合自身实际和发展愿望，自行选择其中一种或多种项目，发展致富。

毕节市"一市五金多套餐"的政策思路是：以"决战贫困、提速赶超、同步小康"为统领，以精准扶贫、精准脱贫为核心，以农民增收为主线，以培育农业产业为突破，以夯实基础设施为支撑，以改善生态环境为底线，精准发力，决战贫困，确保脱贫成效精准。

"一市五金多套餐"的机制是：针对全区精准扶贫贫困对象，建立"问需式"造林绿化苗木超市，设立特困群众大病医疗垫底周转基金、精准扶贫产业发展基金、精准扶贫小额贷款贴息基金、精准扶贫产业发展风险兜底基金、精准扶贫贷款担保基金，设置多种精准扶贫套餐，构建"一市五金多套"的扶贫帮扶机制。

"一市五金多套餐"坚持四个原则。一是坚持对象自愿原则。"一市"针对的是全区范围内有宜林地、具有一定劳动力、自愿种树的农户；"五金多套餐"针对的是全区范围内缺资金、缺技术，但有劳动能力，有较强的自我发展愿望，积极性高并纳入"建档立卡"管理的贫困对象（民政重点保障对象和五保户除外）。

二是坚持乡镇主体原则。企业、农民专业合作社、种植养殖大户和符合条件的贫困对象，向村（社区）提出申请，由村（社区）先行审查，符合条件后，报送乡镇街道审批，全程跟踪监管。

三是坚持行业服务原则。区相关行政主管部门根据乡镇街道产业发展需求，切实加强业务培训，搞好技术指导服务。

四是坚持跟踪备案原则。区林业局负责对全区"问需式"造林绿化提供服务，负责指导、监管、登记备案。区扶贫办负责对产业发展基金、风险兜底基金、贷款贴息基金、贷款担保基金等"四金"使用全程跟踪备案。区合管中心负责对特困群众大病医疗底垫周转基金使用全程跟踪备案，资金使用情况报区扶贫办。

二 苗木超市

"苗木超市"是政府制定的"问需式"造林绿化工作方法，按照"谁种植、谁管护、谁受益"的原则，政府的"苗木超市"免费提供苗木，贫困户"进超市"自主选苗、自主种植、自主管理、自身受益。

"苗木超市"由区政府出资建立，由政府指定的政府平台公司建设，是可供群众按需选用苗木的综合性苗圃基地。

"苗木超市"的服务对象是七星关区范围内有宜林地、

具有一定劳动力、自愿种树的农户，种植范围是区范围内群众自愿种植的各类宜林地。

项目启动由"苗木超市"负责，在林业、农业部门及乡镇街道配合下，结合区内实际及群众意愿，先行组织调研，科学制订苗木培育计划，合理安排育苗。同时，区林业局结合实际编制苗木品种指导目录供农户选择。

农户如果想参加政府"问需式"造林绿化项目，申报在"苗木超市"领取树种的程序如下。

第一步，农户提出种植申请。由农户自愿向村委会提

图2-1 龙凤村村边的绿化美化

说明：如无特别标注，书中照片均由本书作者拍摄，2017年。

出书面申请，村委会对农户的宜林地面积，种植面积和拟种树种、数量进行核实，符合条件的报乡镇街道审批。

第二步，审查备案。乡镇街道组织林业、农业、国土、规划、扶贫等专业人员，对农户申请的树种、数量、地类性质、种植地块进行实地调查，并进行适宜性、可行性审查，指导农户选择适宜苗木品种，统一汇总纳入乡镇街道购苗计划并报区林业局备案，涉及贫困户的同时报区扶贫办备案。

第三步，免费供苗。以乡镇街道为单位，根据各村所需苗木品种和数量，统一组织各村到"苗木超市"购苗。购苗时由有关乡镇街道和村在"苗木超市"签字确认，苗木费用由区政府统一结算，免费提供给农户种植。

第四步，落实种植。根据各类树种种植要求及技术规范，区林业局指导"苗木超市"提供种植规范或种植要求说明，各乡镇街道林业部门负责技术指导和服务。乡镇街道、村负责人督促指导农户将所选苗木按标准种植到相应地块，坚决杜绝乱扔、乱植、外流或转卖苗木从中牟利等行为。

为保障苗木种植，政府规定苗木生产商必须具备生产经营许可证，具备苗木调运"两证一签"（检疫证、合格证、标签）。苗木调运和发放的程序如下。

第一，各乡镇街道组织村和群众代表到"苗木超市"选苗，苗木选定后现场监督起运，保证Ⅱ级以上合格新鲜苗木出圃造林。

第二，为防苗木外流、损毁和转销，苗木验收点数与发放同步进行，由"苗木超市"安排将苗木运至村委会所在地，由乡镇街道、村、群众代表参与现场验收点数后及时发放给群众。

第三，苗木验收发放后，由乡镇街道将群众签名及村委会、当地政府签章的苗木发放分户花名册和苗木验收单提供给"苗木超市"，作为苗木费用结算依据。

在"苗木超市"资金管理方面，规定苗木采购价格由区林业局牵头，区发改局、财政局、监察局、审计局配合，综合调查分析市场，按照"保本微利"原则，制定合理的综合执行价（含苗木运费）。"苗木超市"结算货款时，提供群众签名和村委会、当地政府签章的苗木发放分户花名册、苗木验收单以及林业部门的"两证一签"等相关单据，按程序报区林业部门审核后，由区林业部门报区政府审批拨付。苗木资金实行专账核算、专款专用，严格管理，任何部门和单位不得截留和挪用。

为保证苗木种植成活，政府规定各申请农户领取苗木后要及时落实种植、抚育和管护，不得乱扔、乱植、外流或转卖苗木，否则，一经查实，由所在乡镇街道按照苗木价格追收相关费用，同时将相关农户列入不诚信黑名单，不得再申请免费苗木。村委会对申请免费苗木的群众负有监督责任，若农户未按要求种植或转卖苗木，村委会审核人负连带责任。对于种植苗木数量与发放苗木数量不相符、成活率达不到85%的乡镇街道，林业部门将在年终林业工作考核时酌情扣分。

三 特殊困难群众大病医疗底垫周转基金

七星关区政府设立特殊困难群众大病医疗底垫周转基

金，是为了提高农村特殊困难群众医疗保障，减少特殊困难群众因病致贫、因病返贫问题，创新市场经济条件下医疗救助机制，多渠道解决城乡特殊困难群众无钱看病的困难。

特殊困难群众大病医疗底垫周转基金，是七星关区政府设立的用于垫付大病医疗费用的资金，得到保险和民政救助后偿还，循环使用。

特殊困难群众大病医疗底垫周转基金使用原则是：坚持以人为本、救急救难的原则；坚持城乡居民医保与其他救助保障制度相衔接的原则；坚持个人申请，公开、公平、公正的原则，先垫后补、循环使用原则。

特殊困难群众大病医疗底垫周转基金垫付的对象，首先必须是七星关区范围内参加城乡居民医保的居民，另外还必须是低保户、五保户、孤儿、农村计生"两户"，或是患贵州省规定的 24 种重大疾病之一、在指定的定点医疗机构住院治疗。

政府指定的实行垫付的定点医院有：贵州省人民医院、贵阳医学院附属医院、毕节市第一人民医院、毕节市中医院、七星关区人民医院。垫付方式是：在符合条件的政策范围内，民政大病救助和保险公司补偿部分，从区合作医疗管理中心已预拨到定点医院的底垫周转基金中先行垫付。"底垫周转基金"支出部分从患者大病保险和民政医疗救助资金中还回，以便循环使用，真正实现救急救难的目的。

"底垫周转基金"垫付办公室设在区合作医疗管理中心。特殊困难群众大病医疗底垫周转基金申请及垫付程序如下。

第一步，提出申请。由患者或患者家属持患者居民身份证或户口本、合作医疗证、代办人的居民身份证或户口本、贵州省新型农村合作医疗重大疾病确诊单，填写七星关区特殊困难群众大病底垫备案申请审核审批表，经村（居）民委员会审核、所在乡镇街道民政部门复核后，由区合作医疗管理中心根据病种认定审批。

第二步，垫付。区合作医疗管理中心将垫付资金预拨到定点医疗机构，垫付对象在定点医疗机构住院，持患者居民身份证或户口本，合作医疗证，代办人的居民身份证或户口本，贵州省新型农村合作医疗重大疾病确诊单以及经村（居）委会、乡镇街道社事办、区合作医疗管理中心签字盖章的七星关区特殊困难群众大病底垫资金备案审核审批表，到定点医疗机构即可办理垫付。起垫金额为政策范围内城乡居民医保、民政大病救助和保险公司补偿部分，定点医疗机构必须在入院时要求个人缴纳估算此次住院合规费用的15%。

第三步，定点医疗机构垫付费用的审批。次月，定点医疗机构要提交上月享受资金垫付的人员统计表和个人明细表（内容包含姓名、性别、家庭详细住址、医疗证号、身份证号、联系电话、产生的总费用、城乡居民医保可报销金额、保险公司补偿金额、民政部门救助金额、个人自付金额和定点医疗机构银行开户证明复印件），寄到区合作医疗管理中心，区合作医疗管理中心审核核减违规费用后，再将实际补偿金额分别通知保险公司和民政部门。

第四步，保险公司和民政部门支付费用。保险公司和民政部门在收到合作医疗管理中心通知后的5个工作日内，将资金还回区合作医疗管理中心大病底垫周转基金专户，再由区合作医疗管理中心从专户预拨到定点医疗机构，用于下月大病费用的垫付，以此方式，循环使用。另外，为农村计生"两户"垫付的资金，由区合作医疗管理中心按规定审核报销后，归还大病医疗底垫周转基金专户。

为保障特殊困难群众大病医疗底垫周转基金顺利运行，七星关区政府还建立了一套监督管理制度。

四 精准扶贫产业发展基金

七星关区设立精准扶贫产业发展基金，是为了缓解贫困村想发展、能发展但发展资金不足的问题。区政府专项安排用于支持精准扶贫产业发展项目的资金，主要通过财政奖补的方式，引导扶持企业、农民专业合作社或种植养殖大户，兴办投资见效快、经济效益好、带动能力强的造血型产业扶贫项目，带动贫困村、贫困户增收致富，摆脱贫困。精准扶贫产业发展项目，指的是企业、农民专业合作社或种植养殖大户在七星关区域内新建或扩建的与贫困村发展和贫困户增收有直接关系的农业产业化项目，不含已建项目。

精准扶贫产业发展基金扶持的对象，首先是在七星关区范围内新建或扩建农业产业化扶贫项目，另外，还必须具有独立法人资格，资信良好，有一定的资金投入能力和发展能力；所选择的产业扶贫项目符合市、区农业板块经济与特色农业发展规划要求和地方实际；与贫困户建有合理的利益联结机制，确保贫困村能发展，贫困户能增收；能带动纳入区扶贫信息系统"建档立卡"管理的贫困户的发展。

精准扶贫产业发展基金的使用原则是：坚持"政府引导，企业自主，贫困户自愿"的原则，由相关企业、农民专业合作社或种植养殖大户自主经营、自负盈亏，但不得损害贫困户利益；坚持"申报备案、先建后补"的原则，在项目实施前按程序经有关村、乡镇街道同意后报七星关区农牧局或林业局及扶贫办备案，项目建成投产见效、贫困农户受益后，由相关部门组织验收并兑现扶持补助资金。

精准扶贫产业发展基金扶持范围和标准如下。

（1）刺梨。连片规范化种植刺梨500亩以上，且管护抚育到位的，按《毕节市七星关区大力推进刺梨产业发展的实施意见》的扶持标准给予补助。

（2）蔬菜。连片标准化种植蔬菜300亩以上，按每亩300元的标准给予一次性补助。

（3）中药材。连片标准化种植中药材300亩以上，按每亩300元的标准给予一次性补助。

（4）蛋鸡。新建10万羽以上的现代化蛋鸡养殖场，按照每1万羽15万元的标准给予一次性补助。

（5）生猪。按规模养殖场建设标准，新建出栏生猪5000头以上（或养殖能繁母猪300头以上）的标准化生猪养殖场，且实行净污分离，排污合理，设施设备齐全，符合动物防疫条件，猪舍面积在 4000 平方米以上的，按每场 100 万元的标准给予一次性补助。

（6）茶叶。连片标准化种植茶叶 500 亩以上，且按技术标准进行管护抚育和加工的，按每亩 300 元的标准给予一次性补助。

（7）设施蔬菜。按技术标准集中新建设施大棚 500 平方米以上发展设施蔬菜种植的，按每平方米 15 元的标准给予一次性补助。

（8）其他。发展带动力强、具有一定规模和产业基础的其他特色种植养殖业的，按照"一事一议"的原则，经相关部门认定，可参照以上产业标准予以扶持。

另外，企业、农民专业合作社或种植养殖大户选择发展上述产业或精准扶贫套餐产业，并带动贫困户参与发展的，参照《七星关区精准扶贫小额贷款贴息资金管理暂行办法》的标准，可按带动贫困户的户数累加享受政府贴息贷款。

申请精准扶贫产业发展基金的程序如下。

第一步，在项目实施前，由项目业主填写七星关区精准扶贫产业项目备案申报表，向项目所在村委会提出申请，同时提交业主相关资料、带动贫困户花名册、项目实施方案等资料。

第二步，村委会根据本办法第四条扶持对象条件，对项目业主符合性进行初审，签署同意实施的意见，提交乡镇人民政府（街道办事处）分管领导审核。

第三步，乡镇人民政府（街道办事处）审核合格并签署意见后，根据产业类别报七星关区农牧局或区林业局出具专业审查意见。

第四步，七星关区农牧局、区林业局审查登记并签署意见后，报送区扶贫办备案，由区扶贫办纳入精准扶贫产业项目台账管理，并及时通知相关乡镇街道组织项目业主实施。

第五步，验收申请。项目按要求组织实施、建成投产见效、贫困农户受益后，由项目业主向项目所在乡镇街道提出初验申请；乡镇街道接到申请后，会同村委会进行实地查看和入门核查，并将核查情况及带动发展的贫困户名单在所在村公示3天，无异议后书面向区扶贫办提出区级验收申请。

之后，由区扶贫开发领导小组牵头，区扶贫、财政、审计、农牧（或林业）等部门和项目乡镇街道、村，按照"主体相符、内容一致、规模规范、效益明显、群众受益"的标准和相关产业技术规范，进行区级验收。

第六步，兑现资金。经七星关区区级验收合格后，由区扶贫办向区扶贫开发工作领导小组报告，领导小组有关领导审批同意后，区扶贫办根据审批意见将补助资金划转相关乡镇街道，由乡镇街道兑现给项目业主。

为保障精准扶贫产业发展基金顺利运行，七星关区政府还建立了监督管理机制。

五　精准扶贫小额贷款贴息基金

为充分发挥财政资金贴息的杠杆作用，撬动信贷资金投向贫困户、贫困村，缓解发展资金不足的困难，七星关区政府在财政预算中，专项安排了用于扶持贫困户发展的精准扶贫小额贷款贴息基金。

精准扶贫小额贷款贴息基金的扶持对象有：纳入区扶贫信息系统"建档立卡"管理（除民政部门兜底的重点保障对象和五保户外）的有发展愿望、有一定发展基础和劳动力的贫困户；在七星关区范围内，与贫困户建立合理的利益联结机制，且纳入区扶贫信息系统"建档立卡"管理的贫困户参与发展的企业、农民专业合作社或种植养殖大户。

精准扶贫小额贷款贴息基金的使用原则有三点。其一，坚持"政府引导、贫困户自愿"的原则。符合条件的贫困户、企业、农民专业合作社或种植养殖大户，可根据自身发展能力和条件，自主选择发展扶贫套餐产业，需要在农村商业银行申办小额贷款的，可申请贴息基金给予贴息。其二，坚持"责任担保，承贷承还"的原则。由借款人提供必要的第三方责任担保，确保贷款用于所选扶贫套餐产业。贴息基金仅用于解决贷款利息，贷款本金由贷款人承贷承还。其三，坚持"政府贴息、风险可控"的原则。由政府贴息贷款发展扶贫套餐产业的贫困户，因人力不可抗逆因素造成损失30%以上的，所损失贷款资金由七星关区精准扶贫产业发展风险兜底基金予以保障。具体由各乡镇街道与农村商业银行签订贷款贴息协议和风险兜底协议进行约定。

符合贴息对象条件的贫困户、企业、专业合作社或种养大户，根据自愿的原则，选择发展扶贫套餐产业，可在农村商业银行申请贷款，由贴息基金给予全额贴息。

精准扶贫小额贷款贴息基金申请程序如下。

第一步，提出申请。申请贷款贴息基金的项目，由申请贷款人（贫困户、企业、农民专业合作社或种植养殖大户）向项目所在村提出申请。贷款人是企业、农民专业合作社、种植养殖大户的，还需提供带动发展的贫困农户花名册、项目实施方案等。

第二步，审查。项目所在村村委会负责审查申请人的资格是否符合贷款要求，乡镇街道负责对申请人所发展项目的可行性进行审核，并结合本地实际，正确引导实施主体选择适宜的扶贫套餐。七星关区扶贫办、区农牧局负责对各乡镇街道审核通过的项目进行抽查。

第三步，贷款。审查通过的项目，由申请贷款人提供第三方责任担保后，项目所在乡镇街道协调对接农村商业银行进行放贷，并由乡镇街道将所选套餐项目及贷款情况统一汇总后报区扶贫办备案。贷款人可选择机构担保、干部担保、联户授信担保、财产担保等作为第三方责任担保。

第四步，贴息。七星关区扶贫办根据备案情况和农村商业银行提供的放贷依据，按季度审核确定农村商业银行发放贴息贷款额度并结算贷款利息，农村商业银行根据审核结果，按季度在贷款贴息基金结算贷款利息。

为保证精准扶贫小额贷款贴息基金使用公正、有效，已获得批准放贷的项目，由项目所在地村委会将项目实施内容在村委会公示栏或人群集中地进行公示，公开举报电话，接受社会的全面监督；贷款申请人必须严格按照申报的项目计划实施，按规定用途使用资金；项目所在地乡镇街道、扶贫工作站、包村干部、驻村干部、第三方担保负责跟踪到位，监督落实资金的投向，确保贷款资金按照规定范围使用。同时，七星关区政府建立了监督管理制度。

六 精准扶贫产业发展风险兜底基金

七星关区政府设立的精准扶贫产业发展风险兜底基金，是指由区级财政预算专项安排，用于对精准扶贫产业发展中因人力不可抗逆因素造成的损失给予一定补偿的兜底保障资金。人力不可抗逆因素主要包括地震、暴雨、洪水、风灾、雹灾、冻灾、雪灾、旱灾、泥石流、山体滑坡等自然灾害以及人力不可抗拒的重大动物疫病，无第三责任人的动物意外死亡等。

精准扶贫产业发展风险兜底基金保障对象，是七星关区范围内选择发展精准扶贫套餐的贫困户，但未经备案申报的，原则上不纳入风险资金保障范围。

所发展的扶贫产业项目属于省、市政策性农业保险补贴品种范围的，可申请精准扶贫产业发展风险兜底基金帮助，解决自交部分的保费，纳入政策性农业保险兜底。所发展的扶贫产业项目不属于省、市政策性农业保险补贴品种范围的，因遭受人力不可抗逆因素造成损失，经核实损失程度达30%以上的，可申请风险兜底基金按损失比例对所贷资金进行补助。

属于政策性农业保险补贴品种范围的产业，由相关产业主管部门牵头，保险承办机构具体办理，按政策性农业

图2-2　龙凤村原小学操场因地质灾害变形

保险实施方案的流程进行落实。不属于政策性农业保险补贴品种范围的产业，在遭受人力不可抗逆因素造成损失后，申请精准扶贫产业发展风险兜底基金程序如下。

第一步，申请。由受灾贫困户向所在村委会提出申请，情况属实的及时上报当地乡镇街道。

第二步，定损。相关乡镇街道组织农业服务中心、扶贫工作站人员实地核查，情况属实的核定损失比例上报区农牧局。

第三步，复核定损。区农牧局牵头组织复核定损，定损结果须在项目所在村公示3天。

第四步，兑现资金。公示无异议后，由区农牧局将定损结果报区扶贫办审核拨付补助资金，并建立台账管理。

为保障精准扶贫产业发展风险兜底基金正常运行，七星关区政府建立了相关的监督管理制度。

七 精准扶贫贷款担保基金

为解决农村商业信用因风险而不愿向农户、合作社、小企业提供贷款的问题，七星关区政府设立了精准扶贫贷款担保基金。区政府向毕节市七星关区生态畜牧业信用担保有限公司增资，注入担保资本金，由生态畜牧业信用担保有限公司将新增担保资本金存入贵州毕节农村商业银行专户作为担保保证金，为规模化种植养殖产业扶贫项目在农村商业银行贷款提供第三方担保。

精准扶贫贷款担保基金的担保对象，是七星关区内发展的生态农业（或畜牧业）企业或专业合作社。在七星关区内新建或扩建产业扶贫项目，与贫困户建立合理利益联结机制，带动贫困户发展的企业或农民专业合作社，种植养殖规模达到标准的，可申请担保。具体而言，发展养牛，存栏牛100头以上；发展养猪，存栏商品猪保持200头以上或能繁母猪50头以上；养殖禽类，规模达10000羽以上；养殖其他牲畜的，可参照执行。发展种植业的，须具备一定规模并根据所种植品类的经济价值和市场前景决定。担保额度为单笔10万元以上、担保公司资本金10%以下的信用贷款，担保期限为1~3年。

申请精准扶贫贷款担保基金程序如下。

第一步，申请。由贷款企业或专业合作社向生态畜牧业信用担保有限公司提出贷款担保申请。

第二步，审核。担保公司依据贷款担保申请人申请进行条件审核，对符合担保贷款条件的进行实地考察，不符合担保贷款条件的说明理由并退回。

第三步，发出担保意向函。担保公司实地考察后，对符合担保贷款条件的企业或合作社，向农村商业银行发出担保意向函。

第四步，签订合同。经考察符合贷款条件的，农村商业银行与贷款企业或专业合作社签订借款合同，同时与担保公司签订担保合同。

第五步，发出放款通知。担保公司落实反担保措施后，向农村商业银行发出放款通知。

第六步，贷款。农村商业银行凭担保公司的放款通知，向贷款企业或专业合作社放款。

向企业、合作社贷款后，担保公司、农村商业银行负责对贷款进行跟踪管理。

八　精准扶贫扶持套餐

七星关区政府根据全市农业板块经济发展规划，结合区农业产业调整方向，编制投资少、见效快、效益好的精准扶贫"套餐"目录和操作手册，明确扶持标准、政策、技术要求等内容，供贫困农户结合自身实际和发展愿望，自行选择其中一种或多种发展致富。

精准扶贫扶持套餐有以下多种：饲养能繁母牛、饲养绿壳蛋鸡、饲养乌骨鸡或本地土鸡、饲养蛋鸭、饲养黑山羊、种植设施蔬菜、种植脱毒马铃薯、栽桑养蚕、种植莲藕、种植羊肚菌及其他符合支持条件的种植养殖品种。这些项目都能得到政府贴息贷款的支持。

第三节　七星关区精准扶贫十项措施

为推进精准扶贫，2016年起，七星关区政府确定了精准扶贫十项措施。

第一，实施基础设施建设扶贫。

贫困地区普遍存在基础设施落后、简陋的问题，制约着扶贫开发的推进。七星关区政府把基础设施建设作为扶贫开发的先决条件，通过改善基础设施状况，破除发展瓶颈制约，以推进精准扶贫的深入。

因此，政府部门决定加强贫困乡村基础设施建设。其一，改善农村公路条件，制订三年建设会战计划，提高乡村公路的质量，完善乡村公路路网，畅通乡村交通，为乡村货物流通创造良好条件。其二，建设水利基础设施，政府提出了水利建设"三年行动计划"，重点是建设重大水利工程，除险、加固乡村病险水库。其三，建设乡饮水工程，全面解决贫困乡村人畜饮水安全和工程性缺水问题。其四，加强贫困地区抗旱水源建设，开展中小河流治理、山洪地质灾害防治及水土流失综合治理，提高贫困地区防灾减灾能力。政府在水利项目建设、小型农田水利项目、"五小水利"工程建设项目等方面，向贫困乡村倾斜。其五，推进全区农村电网升级改造，提升农村电网的供电能力和供电质量。其六，完善农村通信基础设施，提升农村通信网络覆盖质量，确保村村通网络畅通，并改进农村信息服务，完善邮政普遍服务体系，满足扶贫、脱贫的需要。其七，保护环境，加强环保基础设施建设，推进垃圾就地分类和资源回收利用，保护农村生态环境，加强农业面源污染治理，推进贫困村改造卫生厕所。

第二，实施产业和就业扶贫。

七星关区政府的思路是，扶持产业发展就是从根上扶贫，促进贫困户就业就是增加贫困户收入。政府实行贫困人口收入级差分类扶持、脱贫路径分类管理的办法，深入推进产业化扶贫，促进贫困人口创业就业。

一是加快农业结构调整，推进农业示范园区建设，大力发展现代山地特色高效农业，通过发展特色农产品生产的渠道，增加贫困群众的收入。二是扶持、培育农村小微企业，发展农产品加工业，推动第一、第二产业融合发展，将农业增加值留在农村，让贫困群众获得更多的农业收益。三是实施乡村旅游扶贫计划，促进农业与旅游业融合、乡土文化与旅游业融合，提升美丽乡村景观品质，提升乡村旅游价值，让农户获得乡村旅游的收益。四是大力扶持农村电商，统筹推进全区供销合作社系统电商惠农工程，引导和推进电子商务平台建设，完善贫困乡村综合服务网点建设，加强贫困地区农村电商人才培训，加快实现全部自然村供销社电商综合服务网点全覆盖，对贫困家庭开办电子商务业务给予网络资费补助、小额信贷支持，促进"毕货出山"和"网货下乡"。五是实施"雁归兴贵"计划，着力引导、吸引外出务工农民工返乡创业就业。政府完善基层就业服务平台，给予创业者扶持资金、税收等政策扶持，降低创业门槛，搞好技能培训和就业服务。

第三，实施易地搬迁扶贫。

在推进易地搬迁扶贫工作中，坚持群众自愿、积极稳妥的原则，加强规划，因地制宜地确定搬迁安置方式，对贫困人口实行差别化补助，加大扶贫生态移民力度。计划到2020年把不适宜居住的深山区、石山区和生态脆弱地区的贫困人口全部迁出，从根本上解决这些地区人们的生存发展问题。易地搬迁扶贫本着发挥扶贫和生态两个功能，对贫困人口比例高、生存条件恶劣的自然寨和村民组实施整村（组）搬迁；对零散分布的贫困户实施零星搬迁；对没有搬迁意愿的少数贫困户，探索以生态补偿方式，让有劳动能力的人就地转化为生态保护工人。在易地搬迁中，合理规划移民安置点，同步建设完善配套设施，培育发展就业容量大的产业，为符合条件的搬迁户提供建房、生产、就业培训，给予创业贴息贷款等支持，解决好移民住房、医疗、社保、子女就学等问题，确保贫困户搬得出、有事做、稳得住、能脱贫。

第四，实施教育扶贫行动。

教育是"拔穷根"治本之策，为阻断贫困的代际传递，必须让贫困子女都能接受公平、有质量的教育。政府加快推进义务教育均衡发展和基本普及十五年教育，教育经费继续向贫困地区、基础教育倾斜。完善贫困家庭学生资助体系，对就读普通高中的贫困户子女，新增扶贫专项助学金，给予其免费或补助学费、免费或补助教科书费、免费或补助住宿费等资助。对就读中职学校的贫困户子女，新增扶贫专项助学金，给予免费或补助教科书费、免费或补助住宿费等资助。对就读普通高校的贫困户子女，新增扶贫专项助学金，给予其免费或补助学费等资助，不让脱贫户因学返贫，不让一个学生因贫失学。大力发展职业教育，深入实施职教扶贫"1户1人计划"和"雨露计划"，帮助贫困家庭子女培训就业。

第五，实施医疗健康扶贫。

七星关区在推进基本公共卫生服务均等化方面，构筑了基本医疗保险、大病保险、医疗救助"三重医疗保障"。一是为有效遏制和阻止因病致贫、因病返贫，政府逐渐完善基本医疗保险制度，推进新型农村合作医疗制度，推进大病保险全覆盖，提高贫困人口大病费用实际报销比例，对经大病保险支付后仍有困难的，加大医疗救助、慈善救助等帮扶力度，使贫困人口大病得到兜底保障。二是加强农村贫困残疾人健康服务，增加纳入基本医保范围的医疗康复项目，实施残疾人医疗救助专项目录。三是建立贫困人口健康卡，采用集中诊疗方式对贫困人口大病实行分类救治，并实行先诊疗后付费的结算方式。四是加强乡村三级医疗卫生服务网络标准化建设。

第六，实施财政金融扶贫。

为发挥政府投入在扶贫开发中的主导作用，积极开辟扶贫开发资金新渠道，确保投入力度与扶贫攻坚任务相适应，七星关区区级财政进一步向贫困人口倾斜。一是农业综合开发、村级公益事业"一事一议"奖补等涉农资金优先投向贫困村。二是有关部门安排的惠民政策、项目工程最大限度向贫困乡镇村、贫困人口倾斜。三是以扶贫规划为引领，以重点扶贫项目为平台，把专项扶贫资金、相关涉农资金和社会帮扶资金捆绑起来集中使用，建立健全扶贫投融资平台，壮大精准扶贫产业发展基金、精准扶贫小额贷款贴息基金和精准扶贫产业发展风险兜底基金。四是培育发展农民资金互助组织，开展农村产权抵押融资业务，增加向贫困群众的信贷投放。五是发挥政策性银行优势，创新扶贫金融产品，全面实施精准扶贫"特惠贷"，为贫困户提供免担保抵押、低利率、财政贴息补助的小额信用贷款。六是扩大农业保险覆盖面，为特色农产品保险提供保费补助，开展农产品目标价格保险和信用保证保险。同时，严格执行财政扶贫项目招投标制度和政府采购制度，完善扶贫资金使用监管制度和扶贫投入公告公示制度，加强审计监督、"民生特派"监督和社会监督，严禁动用扶贫资金搞"形象工程""政绩工程"，保障扶贫资金在阳光下运行，提高资金使用效益。

第七，实施社会保障兜底扶贫。

政府加强扶贫开发和农村低保制度衔接，发挥社会救助制度救急难、兜底线功能，织密织牢社会保障"安全网"，有效保障农村困难群众基本生活。一是持续提高农村低保标准，稳步提升托底保障水平，逐步推进农村低保标准与扶贫标准"两线合一",到 2020 年将无业可扶、无力脱贫人口全部纳入农村最低生活保障范围。二是整合乡镇扶贫与民政工作力量,建立农村低保和扶贫开发信息共享机制,加强农村贫困户和低保申请家庭经济状况核查工作,对符合条件的贫困家庭做到应保尽保。三是加快完善城乡居民基本养老保险制度,引导农村贫困人口积极参保续保,完善以最低生活保障、特困人员供养、受灾人员救助、医疗救助、住房救助和临时救助等救助制度为主体,以社会力量参与为补充的新型社会救助体系。

第八,实施社会力量包干扶贫。

政府致力于建设专项扶贫、行业扶贫、社会扶贫有机结合、互为支撑的"三位一体"大扶贫格局。一是用好对口帮扶力量,完善联络协调机制,推动在产业对接、文化旅游、教育医疗、人才培养、干部培训等方面的合作,提升帮扶质量和水平。二是用好各类企业力量,深入开展国有企业"百企帮百村"活动,扎实推进七星关区区属国有企业结对帮扶重点贫困乡镇。三是对吸纳贫困人口就业的企业给予税收优惠、社会保险补贴、职业培训补贴、信贷支持等政策。四是用好社会各界力量,发挥群团组织作用,搭建社会扶贫信息服务网络和扶贫志愿者服务网络,探索发展公益众筹扶贫,通过政府购买服务、鼓励各类社会组织到村到户精准扶贫,鼓励支持各类企业、社会组织、个人参与扶贫开发,实现社会帮扶资源和精准扶贫有效对接。

第九,实施特困地区特困群体扶贫。

对集中连片贫困乡村、特殊困难人群，实行特殊扶持政策。一是实施"优先安排项目，优先脱贫"政策，制定人口较少民族整体脱贫扶持措施，加强少数民族扶贫开发工作，促进少数民族贫困群众脱贫致富。二是健全留守儿童、留守妇女、留守老人和残疾人关爱服务体系，全面排查掌握农村"三留守"人员和残疾人情况，加强儿童福利院、救助保护机构、供养机构、社区儿童之家等服务设施和队伍建设，建立政府、社会、家庭三位一体的关爱服务救助保护体系。三是实施贫困残疾人康复工程、特殊教育、托养服务，建立健全困难残疾人生活补贴和重度残疾人护理补贴制度。四是优先扶持计生贫困家庭脱贫，推动农村贫困家庭从多生到少生、从少生到优生转变。

第十，实施党建扶贫行动。

坚持以党建带扶贫，以扶贫促党建，大力开展集团帮扶，深入推进同步小康驻村工作，实现党的组织和党的工作对贫困村的有效覆盖。

第四节　驻村扶贫工作队工作方法

毕节市七星关区在精准扶贫中，向贫困村派出了大批驻村干部。这些干部在推进精准扶贫实践中，创造了十分有用的工作方法。

第一，手绘民情地图工作法。

驻村干部在深入走访摸底的基础上，以村民组为单位，以通村、通组道路为脉络，以民房为支点，将山塘水库、河流、村组道路、房屋位置、房屋结构、户主姓名、劳动力状况、居住地环境等内容绘制在一张图上，并将低保户、五保户、计生户、空巢老人、留守儿童等困难群体，党组织和党员等情况进行详细标注和说明，为基层党组织、驻村干部和党员干部开展精准扶贫和应急处置等工作提供方便，有效化解基层干群关系存在的"叫不了名""说不了话""认不了路""办不了事"等问题。

第二，精准扶贫"十子法"。一是瞄靶子，建识别机制，做到底数精准、流程精准、对象精准。二是梳辫子，建立分类机制，做到分析贫困户成因精准、类别精准、施策精准。三是结对子，建驻村机制，做到结对单位精准、帮扶干部精准、社会力量精准。四是理路子，建规划机制，做到目标精准、思路精准、措施精准、保障精准。五是想法子，建立帮扶机制，做到产业扶持精准、教育培训精准、危房改造精准、生态移民精准、基础设施精准、公共服务精准。六是找票子，建配置机制，做到财政投入精准、融资方式精准、整合对接精准。七是甩膀子，建动力机制，做到宣传动员精准、需求意愿精准、主体地位精准。八是强班子，建引领机制，做到乡镇党委书记任用精准、村级党组织书记选用精准、农村致富带头人培育精准。九是凑份子，建联动机制，做到上下协调精准、横向协作精准、多方参与精准。十是造册子，建管理机制，做到对象管理精准、措施管理精准、成效管理精准、责任管理精准。

第三，"八访八问"驻村工作法。

一是访贫困群众，问生活所需。以村民组为单位，走访慰问贫困农户，了解贫困原因、贫困程度及生活所需，帮助他们厘清思路、找准出路，解决群众生产生活中遇到的实际困难。

二是访五保老人，问健康赡养。深入五保老人家中或老年公寓走访调查，了解他们的生活状况、身体状况和心理状况，解决他们在生活中遇到的实际困难。

三是访留守儿童，问学习成长。加大与"留守儿童"接触交流力度，详细了解他们的家庭、学习、生活等状况，建立健全"留守儿童"帮扶制度，开展"大手牵小手"活动，鼓励家长返乡创业，增进与孩子感情，保障孩子心理健康。

四是访流动人口，问社会服务。帮助流动人员加强学习掌握党的路线、方针政策和法律知识，不断提高其经营管理能力和创业就业能力，鼓励他们积极为经济社会发展做贡献。

五是访信访人员，问事情原委。通过与上访户的真诚交流，弄清群众产生意见的深层次原因，找准产生意见的根源，逐项破解，从而达到化解矛盾、消化问题、息诉罢访的目的。

六是访致富能手，问致富经验。围绕农村发展、农业增效、农民增收，深入走访种植养殖大户、农业产业带头人等，大力支持和帮助致富能手壮大致富产业，拓宽农民增收渠道，辐射带动群众共同致富。

七是访企业业主，问厂群关系。帮助和指导非公企业建好党组织，确保非公企业党组织全覆盖。引导企业与村建立党组织联建、社会治安联防等方式，着力搭建党群关系的桥梁，有效推进和谐工区、矿区建设。

八是访党员干部，问发展良策。与党员干部和"两代表一委员"交心谈心，鼓励他们积极为农村发展建言献策。

第四，"五情工作法"。即满怀感情走访群众，把民情熟记在心；满怀热情争取项目，把民生牢记在心；满怀激情打造产业，把发展铭记在心；满怀真情化解纠纷，把和谐印记在心；满怀深情建设项目，把服务扎根在心。

第五，"六强六创"工作法。即强察民情，创新密切联系群众的方式；强惠民主，创新夯实群众利益的基础；强保民安，创新维护群众权益的举措；强化民怨，创新带给群众满意的观念；强汇民力，创新点燃群众激情的方法；强聚民心，创新做好群众工作的制度。

第六，"三个三"驻村工作法。

一是驻村要"三勤"。一是制订计划规划要"勤"思考。要脚踏实地住下来，深入群众拉家常，听取抱怨化情绪，摸准实情明思路，帮助制订计划规划。二是联系群众要"勤"动嘴。进百家门、说百姓话，上下出入打招呼，遇到反映认真听，遇到误解勤说明。三是办理实事要"勤"跑腿。对群众反映的事，要说做就做，立即着手；

对难度大的事，要有决心、有耐心、有恒心，不怕丢面子，厚着脸皮跟踪落实，增强群众的信任感。

二是驻村要"三实"。一是为人要实在。真诚待人，不管群众反映的事情能否办，都要耐心听、认真记，用真心和诚意让群众觉得说话有人听。二是表态要实际。群众反映的困难问题，不能随意夸海口、说大话，符合政策原则的，要马上了解情况，帮助跟踪落实。三是工作要有实效。要力所能及办理实事，让村两委和群众都看到，所做的事情不仅能做到，更要有实效，看得见、摸得着。

三是驻村要"三顾"。一要顾全大局。作为驻村干部，一定要讲政治顾大局。二要顾全大众。帮助解决的事情，一定要受众面大，能让多数群众意识到办事客观公正。三要顾特殊。对一些积贫积困、老弱病残的群体，要有特殊关心、特别照顾，尽力帮助其解决生产生活的燃眉之急。

第七，"四帮"驻村工作法。

一是依靠单位尽力帮。挂帮单位是驻村干部的坚强后盾，要注重争取派出单位的支持，为本部门做好前台联络员、办事员，为群众多办实事。

二是协调各方借力帮。在开展驻村帮扶工作中，积极深入村寨和农户，请求派出单位帮助协调解决问题，或主动协调解决群众的困难问题，积极为群众办实事、好事。

三是整合资源协力帮。各挂帮单位和驻村干部要充分发挥部门职能优势，注重整合工作组的人、财、物资源，实现资源共享、互通有无，形成合力，促进帮扶贫工作的有力开展。

四是驻乡蹲点努力帮。驻村干部必须到村真蹲实驻、真抓实干，俯下身子为驻村工作尽心竭力，帮助基层解决实际困难问题。

第八，"四个三"驻村工作法。

一是"三亮"激发工作动力。一亮身份。向群众发放连心卡，上墙公示驻村干部照片、姓名、职务、联系电话、帮扶职责等信息。二亮标准。通过党务村务公开栏、印制宣传彩页等形式，公开帮扶标准，明确帮扶事项、帮扶流程、限时办结等内容。群众根据标准内容对驻村工作进行咨询、监督。三亮承诺。做出公开承诺，悬挂在村内显眼位置，签订驻村帮扶服务承诺书，建立帮扶台账，保证帮扶目标落实到位。

二是"三比"树立干部新形象。一比驻村时间。比谁能够一门心思扑在驻村工作上，主动利用周末、节假日开展驻村工作。二比工作作风。比谁扑下身子同吃同住同学习同劳动次数多，比谁掌握基层信息情报准，比谁能够真正做到不劳民、不扰民、不增加基层负担。三比工作实绩。比谁协调争取项目多，比谁特色产业培育多，比谁矛盾纠纷调处好，比谁为群众解难题办实事好事多。

三是"三送"拓展服务新途径。一送政策解惑。通过印发宣传册、书写宣传标语、拉家常等方式，向群众宣传党的路线方针和各项惠民惠农政策，让群众放下包袱，知党情、跟党走。二送技术解困。利用农村远程教育终端站点，组织外出参观学习，邀请专家到村进行培训，解决农村经济和社会发展中的难题。三送温暖解忧。开展走访调研，深入老党员、困难群众、伤残军人、五保老人和留守儿童家中，了解他们的困难，并结对帮扶。

四是"三评"提升群众满意度。一是干部互评。以乡镇驻村工作组为单位，每月召开驻村干部工作交流会，驻村干部结合驻村帮扶实际自评互评。二是群众测评。通过发放群众满意度测评表、设立征求意见箱等方式，主动接受群众评议，对于群众普遍反映不好的干部，立刻召回。三是组织考评。定期督导检查驻村工作，开展综合考评，予以公示，并将"三评"结果作为驻村干部选拔使用和评先选优的重要依据。

第三章

龙凤村的精准扶贫

实施精准扶贫的前提条件，是要摸清村民致贫的原因。龙凤村村民贫困的原因，除了缺资金、缺劳动力、缺技术外，生病、残疾、孩子上学也是致贫的重要原因。针对这些致贫原因，政府在精准扶贫方面采取了具体的应对措施，如开展基础设施建设扶贫；推进产业扶贫，如举办养鸡场、建设特色农产品产业园；推出精准扶贫"套餐"；推进社会保障兜底扶贫；加强教育精准扶贫，等等。龙凤村精准扶贫取得了比较积极的成果。

第一节 龙凤村村民致贫主要原因

一般情况下，农户贫困的主要原因有缺资金、缺劳动力、缺技术，但在一些村庄，生病、残疾、孩子上学也成为致贫的重要原因。

2017 年，课题组调查龙凤村建档立卡户时，有 31 户回答了他们致贫的主要原因。排在第一位的是生病致贫，占比为 35.5%；排在第二位的是身体残疾致贫，占比为 22.6%；排在第三位的是缺乏资金致贫，占比为 16.1%；排在第四位的是孩子上学致贫，占比为 12.9%。另外，致贫的因素还有自身发展动力不足（占比为 6.4%）、缺技术（占比为 3.2%）、缺劳动力（占比为 3.2%）。没有人认为是因为交通条件落后、缺土地、婚姻等因素致贫（见表 3-1）。

表 3-1 龙凤村建档立卡户认为自己致贫的主要原因

单位：户，%

致贫原因（单选）	有效统计数	有效占比
生病	11	35.5
残疾	7	22.6
上学	4	12.9
灾害	0	—
缺土地	0	—
缺水	0	—
缺技术	1	3.2
缺劳动力	1	3.2
缺资金	5	16.1
交通条件落后	0	—
自身发展动力不足	2	6.4
因婚	0	—
其他（说明）	0	—
总计	31	100

建档立卡户除了回答自己致贫的主要原因外，还回答了致贫的其他原因。其中，排在第一位的是缺资金，占比为20.5%；排在第二位的是自身发展动力不足，占比为17.9%；排在第三位的是缺技术，占比为11.5%；排在第四位的是家人生病与孩子上学，占比均为10.3%；排在第五位的是身体残疾，占比为7.7%。其他的致贫因素还有：缺水（占比为5.1%）、缺劳动力（占比为5.1%）、缺土地（占比为2.6%）、因婚（占比为2.6%）。没有人认为是因为交通条件落后（见表3-2）。这与他们认为致贫的主要因素比较一致。

表3-2 龙凤村建档立卡户认为自己致贫原因的其他因素

单位：户，%

致贫原因（可多选）	有效统计数	有效占比
生病	8	10.3
残疾	6	7.7
上学	8	10.3
灾害	1	1.3
缺土地	2	2.6
缺水	4	5.1
缺技术	9	11.5
缺劳动力	4	5.1
缺资金	16	20.5
交通条件落后	0	0
自身发展动力不足	14	17.9
因婚	2	2.6
其他（说明）	3	3.8
无	1	1.3
总计	78	100

第二节 政府对基础设施建设的投入

在精准扶贫中，七星关区政府非常清楚农户贫困的关键所在，2015年有针对性地提出了十项精准扶贫措施，第一项重大举措就是实施基础设施建设扶贫，改善农村公路，完善农村通信基础设施，建设饮水工程，改造农村危房，保护农村环境。区政府在基础设施建设方面给予补助，凡是符合建设要求的，按先建后补的原则给予扶持，机耕道每公里补助30万元，人行便道每公里补助3万元，小水池每立方米补助600元。

2015年，龙凤村抓住政府政策扶持和"美丽乡村"建设机遇，围绕"富、学、乐、美"四要素，结合实施小康寨、小康水、小康电、小康路、小康讯、小康房"六项行动"计划，聘请专业队伍完成了整村整体规划设计，整合"一事一议"等各类项目资金上千万元，调动群众的积极性，高起点规划、高标准建设、高效率推进乡村基础设施建设。

乡镇干部在推进基础设施建设中发挥了重要作用。他们驻点包片，督促专业施工队分班组施工，受益村民积极参与，共同建设美好家园。在改造农村危房、整修村民住房时，建设当地特色的民居。龙凤村依照贵州民居风格，结合地方特色，改造了611户村民住房，改造了54栋农村危房，使整个村庄呈现贵州风格的村落特色。村民的住房变漂亮了，变宽敞了。

乡村道路特别是村内道路条件得到极大的提升。龙凤村按照 5.5 米路宽的标准，建设了通村水泥路 9.95 公里。按照 3.5 米路宽标准，修建了 19.3 公里通往各村民小组的水泥路。铺设了村民连户道路，硬化了农家庭院近 3 万平方米。龙凤村还硬化了 13.2 公里机耕道，村民出行变得更为方便。

龙凤村还整合了毕节市直部门和企业帮建单位的资金，修建了人畜饮水安全工程 1 处，解决了近千人的安全饮水问题；安装了 1 台 250 千瓦的变压器，保障了村民的不间断用电。村里还配套规划建设了村农资超市、农民文化活动室，完善了拥有 1000 多册图书的农家书屋，安装了广播电视网络，让 600 多户农户获得广播电视"户户通"服务，修建了 14 个环卫垃圾池，改善了村里的卫生环境。

在短短几年内，龙凤村绝大部分人家楼房宽敞亮丽，庭院场坝整洁有序，通村路、通组路、串户路纵横交错，

图 3-1　龙凤村里具有贵州特色的民居

将全村 7 个村民组及相关自然村寨绘织成一幅独具黔西北民居特色的美丽画卷。①

龙凤村基础设施建设的投资，主要来自政府拨款及社会各方的资助。

村里修建的 1900 平方米停车场，主要建设经费来自上级拨款。2016 年 6 月，上级政府拨款 12 万元开始建设，当年 10 月建成。

龙凤村农村道路建设项目，2015 年 5 月村民代表开会讨论，采取"一事一议"方式筹资筹劳。全村 825 户居民户均筹劳 1 个劳动力，政府补助资金 1964214 元，政府补助物资折合人民币 1900120 元，2016 年 8 月道路全部建成。

2015 年新建的 5.58 公里通村水泥路，投资总额 279 万元，经费全部来自社会各界的帮扶资金。

2015 年新建村内道路 23.5 公里，总投资 685.4 万元，其中，财政专项扶贫资金 668 万元，群众自筹 17.4 万元。2016 年新建村内道路 16.6 公里，总投资 378.48 万元，其中，财政专项扶贫资金 322 万元，群众自筹 46.48 万元。825 户村民全部受益。

2015 年，539 户村民为改善人居环境，投资 2759.7 万元进行房屋改造，其中，财政专项扶贫资金有 2695 万元，群众自筹资金有 64.7 万元。2016 年，有 72 户村民改善人居环境，投资额为 370.08 万元，其中，财政专项扶贫资金 360 万元，群众自筹 10.08 万元。

---

① 刘瑾：《七星关区撒拉溪镇龙凤村：产业催开致富花》，新华网，http://www.gz.xinhuanet.com/2018–04/11/c_1122667422.htm。

2017 年课题组调查的 74 户村民，部分人回答了他们享受到的基础设施情况，村民享受最多的基础设施是入户路，其次是入户电，再次是危房改造。而农户渴求的自来水、蓄水池、小型水利设施等，还存在明显的不足（见表 3-3）。

表 3-3　龙凤村村民享受到的基础设施情况

单位：户

项目内容（可多选）	有效统计数
自来水入户	6
小型水利设施	1
蓄水池（窖）	5
电入户	17
路入户	41
危房改造	7
设施农业大棚	0
牧畜圈舍	7
基本农田建设改造	3
沼气	0
其他（注明）	0

村民对于基础设施建设项目是否满意呢？被调查的建档立卡农户中，有 30 户给出了他们的评价。对基础设施建设项目"非常满意"的占比为 36.7%；认为"比较满意"的占比为 53.3%；二者合计达到 90%。另有 10% 认为"一般"，没有人"不太满意"或"很不满意"。可以说，龙凤村的基础设施建设项目得到了非常正面的评价（见表3-4）。

表 3-4　龙凤村被调查建档立卡户对基础设施建设项目的评价

单位：户，%

项目效果评价	有效统计数	有效占比
非常满意	11	36.7
比较满意	16	53.3
一般	3	10.0
不太满意	0	—
很不满意	0	—
总计	30	100

第三节　蛋鸡养殖产业的发展

龙凤村最大的产业扶贫项目是 2015 年兴建了一家蛋鸡养殖场。

经营龙凤村蛋鸡养殖场的企业家，是龙凤村邻村兴隆村人张永健。张永健在 20 世纪 90 年代加入七星关区撒拉溪、杨家湾一带土法炼锌的队伍中，通过开办小企业赚到了人生的第一桶金。土法炼锌工艺落后，严重破坏环境，后来被政府强行关闭。失去土法炼锌业务后，张永健开始琢磨挣钱门路，他产生了喂养肉鸡的想法。

2014 年，张永健返乡创业。在农技专家的指导下，他借贷 150 万元，开办了蛋鸡饲养场，规模达到 3 万羽。之后不久，又创建了兴隆农民养鸡合作社和茂源家禽养殖公司，希望带动兴隆村群众脱贫致富。

但是，让乡亲们相信养蛋鸡能赚钱并不容易。任凭他口水说干，乡亲们还是不置可否。张永健决定先把村里头脑灵活的村民招到养鸡场上班，让他们全程参与管理，能不能赚钱，自己算账。刚开始只有五六户胆子大一点的村民贷款入股，他们赚到钱后产生了示范作用，第二年入股户数大幅增加，2013 年 130 余户入股，2015 年 220 余户入股。

村民顾怀竹通过在养鸡场里上班，摆脱了贫困。顾怀竹 50 岁，到养鸡场上班前的一年，丈夫因患骨质增生走路困难，两个孩子在外务工勉强糊口，家里还过得很艰难。兴联蛋鸡养殖场经营者张永健劝她到毕节市农村商业银行贷款，并帮她贷了 5 万元，入股养鸡场，安排她到养鸡场务工。这样，顾怀竹既是股东，又是工人。她每个月 3000 元左右的工资，年底从养鸡场拿到了 3 万元分红，年收入近 7 万元，还清了银行贷款。在兴隆村，像顾怀竹一样，有 220 余户农户贷款入股兴联蛋鸡养殖场，又在养鸡场工作，脱贫致富。他们每户入股至少 5 万元，有一个劳动力在养鸡场务工，红利加工资，年收入不会低于 7 万元。许多人家脱贫致富，修起了漂亮的房子。

兴联蛋鸡养殖场除了解决当地很多群众的就业，还为村级集体经济创收，这让龙凤村人"眼红"了。村支部书记路世谦找到张永健，动员他到龙凤村兴建蛋鸡养殖场。张永健有了更大的想法，兴隆村的村民富裕了，他把目光投向了与兴隆村相邻、贫困程度更深的龙凤村。

2015年10月，张永建投资3000万元，在龙凤村流转荒山坡地80余亩，建起了一个30万羽的蛋鸡养殖场。新建办公室1200平方米、兽医室120平方米、消毒室50平方米、饲料加工车间1600平方米、标准化鸡舍6栋、兽医设备一套。这个蛋鸡养殖场自动化程度颇高，从饲料配方加工，到投入鸡舍喂食，再到收集鸡蛋，最后到清运鸡粪，均由电机带动履带自动化输送。在鸡蛋包装车间，喷码机给一排排鸡蛋印上生产日期，最终成品由几名务工人员分拣、包装，准备发货。

龙凤村全村186户贫困户全部贷款入股到蛋鸡养殖场。贫困户以政府扶持的每户2.4万元产业发展贴息贷款及每户5万元的"特惠贷"资金入股，其他农户以每户5万元至10万元不等的资金参股，不论公司盈亏，贫困户均可以按20%的年利润保底分红。入股2.4万元，每月分红500元；入股5万元则每月分红900元。养鸡场还优先解决龙凤村贫困户就业。

龙凤村在蛋鸡养殖场成立48人的动物疫病防控人才团队，吸纳了26名贫困人口参与，通过专项技术培训，团队成员就近开展专项疫病防控和培训工作，户年均增收在5万元以上。

张永健兴办龙凤村蛋鸡养殖场，离不开政府的支持。2014年，政府对每只鸡补贴25元，2015年每只鸡补贴15元。张永健还得到了区里1000多万元的产业发展扶持资金和产业发展担保基金担保，他把政府补贴全部投进养鸡场，2016年已投资8000多万元，存栏达到了78万羽。七星关区政府还采取了区财政贴息、镇村两级为贫困户担保贷款的办法，为养殖场筹措资金。[①]

七星关区政府还全力帮助张永健的养鸡场开拓市场，请求对口帮扶七星关区的深圳市罗湖区给予支持。经过罗湖区政府的牵线搭桥，鸡蛋质量检测合格后，直供深圳新一佳超市。区政府还联系到广州客商，直接进入广州胜佳超市，还有部分鸡蛋直供农贸市场。由于省去中间环节，每枚鸡蛋利润比之前高出近两角钱。另外，区政府还为运输鸡蛋的货车申请到高速公路免费通行，进一步降低了销售成本。每天有50万枚"茂源人家"牌鸡蛋源源不断运往深圳、广州，养鸡场每天毛收入达35万余元。

龙凤蛋鸡养殖场直接受益者是当地的农户及村集体。开办养鸡场不仅解决了村里部分困难群众就业问题，也为壮大村集体经济找到一条路。龙凤蛋鸡养殖场将21万元扶贫项目资金投入养殖场基础设施建设，形成固定资产后量化入股，每年固定分红4.2万元，用于村集体积累。同时，茂源家禽养殖公司承诺将从区产业扶持资金中抽出100万元，用于村集体经济股金，每年分红收益作为村集体收入积累，实现了互惠双赢。村支部书记路世谦介绍说："2014年以前，我们村集体经济为零，农民人均纯收入只有5382元，通村路只有2.7公里还是泥巴路。最近这几年发展得很快，去年人均年

---

① 崔丽：《选套餐 傍大户 靠产业——贵州省毕节市七星关区农业产业精准扶贫纪实》，《农民日报》2016年8月8日。

收入达到了 8418 元，目前通村路、通组路和机耕道都实现了全覆盖，到今年年底村集体经济预计将达到 42 万左右。"[1]

龙凤村与龙凤蛋鸡养殖场建立了良好的村企联合机制，村两委负责组织发动群众、协调矛盾纠纷，协助企业向上级政府争取政策和项目，帮助企业发展壮大。龙凤蛋鸡养殖场积极帮助村两委加强美丽乡村建设，投入资金完善基础设施，解决本村农户 182 人（其中贫困户 71 人）的就业问题，户年均增收约 3.8 万元。

图 3-2　课题组在龙凤蛋鸡养殖场调研

① 李玲、蒲艳梅、蔡莲：《甩掉"空壳帽"奔向新生活——毕节市发展壮大村级集体经济侧记》，《毕节日报》，http://rb.bjrb.cn/html/2017-10/12/content_1_5.htm。

第四节　特色种植业的发展

七星关区政府将发展农业特色产业作为推进精准扶贫的重要抓手。区政府提出，一要大力发展现代山地高效农业，帮助贫困农户就地发展生产增收。七星关区拥有地理、气候、水源等特色山地资源，要因地制宜发展中药材、马铃薯、高山冷凉蔬菜、山地生态畜牧业、特色经果林、生态茶产业等特色优势产业，着力提升第二、第三产业产值。二要大力发展现代高效农业示范园区，按照可持续发展和效益优先原则，规划建设一批具有山地特色的现代高效农业产业园区，吸引更多有实力的企业、组织等主体参与园区建设。龙凤村积极利用优惠政策，发展了马铃薯种植产业、核桃种植产业、天麻种植产业等农业产业。

一　马铃薯种植产业

为鼓励种植脱毒马铃薯，政府制定了补助政策。凡是居住在海拔 1000 米以上，家里有 2 个劳动力，有适宜种植马铃薯且交通便利的耕地，净作种植脱毒马铃薯 5 亩以上，贫困户每户可申请贷款 5000 元，贴息年限 2 年，共补贴利息 700 元。

龙凤村"马铃薯大王"孙善达成立了鸿志达马铃薯专业合作社，从农户手中流转了 8600 余亩土地，免费发放种薯、化肥等农用生产资料，吸纳了 78 户贫困户参与种植马铃薯。贫困户以每亩300~400元的价格，将自己的承包地流转给合作社，平时则在合作社打工，年工资收入有3万元。他的合作社生产模式是马铃薯、荞麦套种核桃，以增加种植收益。合作社按市场价回收贫困户种植的马铃薯，户均增收1.1万元。

贫困户将申请到的政府贴息贷款投入合作社，既解决了孙善达的资金难题，又增加了投资性收入。

二 核桃种植产业

核桃种植产业是七星关区政府力推的精准扶贫项目，区里规划在龙凤村建设万亩核桃产业示范园。

村支部书记路世谦是"核桃大王"。他流转了1640亩土地，创办了七星关区经果林种植专业合作社，吸纳贫困户42户110人。村民从流转的土地上，每亩可获得租金300~500元。2016年，龙凤村全村共栽种核桃1万余亩，在尚未长大的树林下套种了脱毒马铃薯5000亩。

龙凤村坪子组有500亩核桃产业示范基地。一棵棵核桃树吐新冒绿，林下套种着脱毒马铃薯。坪子组的村民把土地流转给合作社栽种核桃树，不再种植玉米等传统农作物。他们在林下套种完脱毒马铃薯后，剩余的劳动力便就近或外出务工挣钱了。

龙凤村双水井组有3000亩连片核桃示范基地，枝条修剪得齐整规范，相关配套管护有条不紊。为更好地种植核桃，镇政府、村委专门邀请毕节市、七星关区农技部门的专家进行现场技术讲习，指导村民修剪管护核桃树。2012年陆续栽种的核桃树，已长大成林，陆续挂果，2016年挂果率达30%左右。

经果林种植专业合作社还牵头流转村民土地，种植当地优质大白蒜300亩，规划种植优质烤烟300亩，发展天麻2000亩。当地贫困户多了挣钱的门路。

七星关区政府给予核桃产业示范园很大的财力支持。按照七星关区精准扶贫产业发展基金管理办法，核桃种植属于扶持产业。2015年，区政府对龙凤村建设万亩核桃产业示范园核桃嫁接等项目投资150万元，对园区7000亩核桃树树干涂白项目投资了48.3万元。

三 天麻种植产业

天麻种植产业是毕节市七星关区政府大力扶持的特色种植业之一。龙凤村天麻种植带头人是"中药材大王"刘赞。

近年来，撒拉溪镇政府强化政策扶持，鼓励生态环境保护和经济产业发展有机结合，扶持村民大力发展特色农产品和珍贵中药材种植，实现生态保护和经济发展互利共赢。刘赞从村民手中流转300余亩土地，创办了林芝峰天麻种植专业合作社，天麻标准化种植达3万平方米，年产鲜天麻4万公斤，产值达120万元以上。

林芝峰天麻种植专业合作社采取了"合作社+基地+农户（贫困户）"的发展模式，利用自身研发的"蜜环菌""萌发菌"生产新技术，统一引进"乌天麻""绿天麻""红天麻"等天麻新品种，开展技术培训和种植经验交流。合作社吸纳了周边 38 户村民，其中有 5 户贫困户 12 人，为他们提供技术咨询服务，对他们种植的地块实行统一种植、统一管理，对其生产出来的天麻产品统一收购、统一销售，从生产、管理、销售等各个环节给予帮助，实现了年人均收入 6100 元。

另外，龙凤村还发展了其他特色种植业。

为了盘活闲置土地资源，2012 年，龙凤村"两委"将本村柏山组 500 亩土地流转给投资商燕金华，创办起家庭农场，种植了黄密梨、晚秋黄梨、桃树、板栗、李子、红心猕猴桃等果树，以及红豆杉、红杉、桂花等特色观赏类树种，并在林下种植草乌、牛膝、泽兰等中药材，提高了经济收入，增加了示范带动效应。

龙凤村还成立了七星关区惠达生态农业有限公司，流

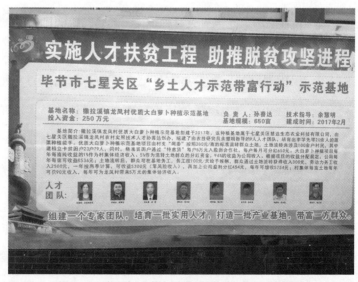

图 3-3 龙凤村大萝卜种植示范基地的项目宣传栏

转闲置荒山 350 余亩，种植韩国大白萝卜，年产 525 万公斤，产值 735 万元，解决了 100 余名贫困人口就业问题。

"建筑大王"村主任徐谦创办了 112 人的专业建筑施工队，吸纳贫困人口 23 名，年人均收入达 3.5 万元。

第五节 精准扶贫"套餐"的扶持

除了前面的产业扶贫外，龙凤村村民也得到了七星关区扶贫"套餐"的扶持。

七星关区精准扶贫扶持套餐共有 10 项。

一是饲养能繁母牛项目。

政府扶持条件是：家里有 1 个以上劳动力，且有放牧的草山草坡，有 20 平方米的养牛圈舍，有养牛意愿。政府扶持建档立卡户饲养 2~3 头能繁母牛。给予的扶持政策有两项，一项是为每户提供贴息贷款 24000 元，贴息年限 3 年，共补贴利息 5040 元，另一项是享受精准扶贫产业发展风险兜底基金保障。

为保证扶贫项目能够进行，政府提出了技术要求。在品种选择上，农户要购买 18 月龄体质健壮的能繁母牛，在人工输配点选择安格斯、西门塔尔等优良牛品种冻精配种；饲养牛每年必须按规定免疫接种口蹄疫、牛出败、炭疽等疫（菌）苗；饲养方式以放牧为主，结合青贮、农作物秸秆处理，辅以精料，进行低成本饲养。

二是饲养绿壳蛋鸡项目。

这一项目的扶持条件是：家里有 1 个以上劳动力，离主要公路 500 米以上、离居民聚居区 200 米以上，自然生态环境条件好，有饲养绿壳蛋鸡意愿。政府扶持养殖绿壳蛋鸡 300 只。给予的扶持政策有两项，一项是为每户提供贴息贷款 10000 元，贴息年限 2 年，共补贴利息 1400 元，另一项是享受精准扶贫产业发展风险兜底基金保障。

为保证扶贫项目能够进行，政府提出了基本的技术要求。在品种选择上，要选购 40 日龄健壮的脱温专用绿壳蛋鸡苗，免疫接种马立克、法氏囊、鸡新城疫、高致病性禽流感、新支二联苗等疫苗，鸡舍和饲养场地每周消毒 1~2 次；饲养方式以圈养为主，放养为辅。

三是饲养乌骨鸡或本地土鸡项目。

项目的扶持条件是：离主要公路 500 米以上、离居民聚居区 100 米以上，生态自然环境条件好，有 1 个以上劳动力，有饲养肉用乌骨鸡或本地土鸡的意愿。政府扶持农户养殖肉用乌骨鸡或本地土鸡 300 只。给予的扶持政策有两项，一项是为每户提供贴息贷款 15000 元，贴息年限 2 年，共补贴利息 2100 元，另一项是享受精准扶贫产业发展风险兜底基金保障。

这一项目的技术要求是，在品种选择上，要选购 30 日龄健壮的脱瘟乌骨鸡或本地土鸡鸡苗；免疫接种马立克、鸡新城疫、高致病性禽流感、新支二联苗等疫苗；鸡舍和饲养场地每周消毒 1~2 次；饲养方式以圈养为主，放养为辅。

四是饲养蛋鸭项目。

政府要求的扶持条件是：离主要公路 500 米以上、离居民聚居区 200 米以上，有 1 个以上劳动力，有水田、河沟、山塘，有饲养蛋鸭意愿。政府扶持养殖专用型蛋鸭 300 只。给予的扶持政策有两项，一是为每户提供贴息贷款 10000 元，贴息年限 2 年，共补贴利息 1400 元，二是享受精准扶贫产业发展风险兜底基金保障。

饲养蛋鸭的技术要求，一是在品种选择上，要选购 40 日龄健壮的脱瘟专用型蛋鸭苗；二是免疫接种鸭瘟、高致病性禽流感等疫苗；三是鸭舍和饲养场地每周消毒 1~2 次；饲养方式以放养为主，圈养为辅，投以全价配合饲料。

五是饲养黑山羊项目。

项目的扶持条件是：有 1 个以上劳动力，有 60 平方米的养羊圈舍，有放牧条件的草山草坡或灌木林，有养羊意愿。政府扶持饲养 19 只能繁母羊、1 只种公羊。

政府给予的扶持政策，一项是为每户提供贴息贷款 20000 元，贴息年限 2 年，共补贴利息 2800 元，另一项是享受精准扶贫产业发展风险兜底基金保障。

饲养黑山羊技术要求有：在品种选择上，要选购 20 公斤以上健壮能繁母羊、30 公斤以上健壮种公羊；免疫接种口蹄疫、羊传染性胸膜肺炎、羊痘、小反刍兽疫等疫苗；羊舍和饲养场地每周消毒 1~2 次；饲养方式以放牧为主，结合青贮、农作物秸秆处理，辅以精料，进行低成本饲养。

六是设施蔬菜项目。

政府的扶持条件是：家中有 2 个以上劳动力、交通便利、有 1 亩以上排灌方便且土壤肥沃的地块，有意愿种植设施蔬菜。政府扶持建 3 个标准大棚（大棚长 30 米、宽 6 米）种植设施蔬菜。给予的扶持政策有三项，一是为每户提供贴息贷款 28000 元，贴息年限 3 年，共补贴利息 5880 元，二是每平方米大棚补助 15 元，三是享受精准扶贫产业发展风险兜底基金保障。

设施蔬菜的技术要求有：在品种选择上，要选用优良品种；合理密植；使用沼液或农家肥种植，抓好肥水管理、病虫害防治；适时采收。

七是种植脱毒马铃薯项目。

这一项目的扶持条件是，家中有 2 个劳动力，有交通便利、海拔 1000 米以上且适宜种植马铃薯的耕地 5 亩，有意愿净作种植脱毒马铃薯。政府扶持净作种植脱毒马铃薯 5 亩。政府给予的扶持政策，一项是为每户提供贴息贷款 5000 元，贴息年限 2 年，共补贴利息 700 元，另一项是享受精准扶贫产业发展风险兜底基金保障。

项目的技术要求有：在品种选择上，要选用脱毒马铃薯优良品种；净作种植，合理密植；加强田间管理，做好病虫害防治；种植采收，适时收获。

八是栽桑养蚕项目。

政府扶持的条件是：家中有 2 个劳动力，有比较宽敞的房屋条件，有 3 亩以上土地，有意愿种植桑树用于养蚕。政府扶持种植 3 亩桑园养蚕。政府给予的扶持政策，一是为每户提供贴息贷款 12000 元，贴息年限 3 年，共补贴利息 2520 元，二是可享受"苗木超市"免费提供的桑苗，三是享受精准扶贫产业发展风险兜底基金保障。

项目的技术要求有：桑树要选用优质苗木，合理定植，加强肥水管理，剪梢整枝和病虫害防治；养蚕方面，注意养蚕准备、桑叶采贮、大蚕饲养、上蔟采茧及蚕病防治等。

九是种植莲藕项目。

政府的扶持条件是，家中有 2 个劳动力，有交通便利、排灌方便、水位稳定、土壤肥沃的水稻田或山塘 3 亩以上，有意愿种植莲藕。政府扶持种植莲藕 3 亩。政府给予的扶持政策，一项是为每户提供贴息贷款 12000 元，贴息年限 2 年，共补贴利息 1680 元，另一项是享受精准扶贫产业发展风险兜底基金保障。

种植莲藕的技术要求有：在品种选择上，要选用良种；适时进行定植；加强藕田的田间管理及病虫害防治；适时采收。

十是种植羊肚菌项目。

这一项目扶持条件是，家中有 2 个劳动力，有交通便利、排灌方便、土壤肥沃的水稻田 2 亩以上，有意愿种植羊肚菌。政府扶持种植羊肚菌 2 亩。政府给予的扶持政策，一项是为每户提供贴息贷款 24000 元，贴息年限 1 年，共补贴利息 1680 元，另一项是享受精准扶贫产业发展风险兜底基金保障。

种植羊肚菌的技术要求有：在品种选择上，要选用良种；用草木灰肥田，建设简易大棚；加强羊肚菌种植的田间管理及病虫害防治；适时采收。

第六节　社会保障兜底精准扶贫

社会保障兜底扶贫，是精准扶贫的重要组成部分。在实施精准扶贫中，七星关区政府积极开展了社会保障兜底精准扶贫工作。

社会保障兜底扶贫的基本原则是：应保尽保，托住底线；加大力度，提高水平；加强衔接，织密网络。社会保障兜底扶贫的重点是医疗救助、"五保"供养、养老保险、住房救助、临时救助等。

一　医疗救助

七星关区政府以整合部门资源优势为载体，通过基本医疗保险、大病保险、医疗救助"三重医疗保障"，提高农村特殊人群医疗保障和服务能力。

医疗救助保障对象范围有：一是精准扶贫建档立卡贫困人口中的大病患者；二是特困供养人员；三是最低生活保障家庭成员；四是享受抚恤补助的优抚对象；五是农村计划生育独生子女户、女绝育户（简称农村生"两户"）家庭成员；六是 20 世纪 60 年代初精减退职老职工；七是艾滋病人和艾滋病机会性感染者；八是家庭经济困难的精神障碍患者、肇事肇祸的精神病患者；九是低收入家庭中的重病患者、低收入重度残疾人以及 80 岁以上参保老年人；十是因医疗自付费用过高导致家庭无力承担的患者；

十一是区级以上人民政府规定的其他特殊困难人群。

医疗救助保障救助资金来源于三个方面。

一是城乡居民基本医疗保险。城乡居民医保基金由个人缴纳和各级政府财政补助共同筹集完成，参保人员个人缴费标准和中央、省、市、区级财政补助标准按国家和省的年度筹资政策执行，当年筹集基金与历年结余基金全部纳入统筹基金。

二是大病保险。利用城乡居民基本医疗保险基金，为参保人员购买大病保险，筹资标准原则上不低于年度人均等资总额的5%，投保资金严格实行市级统筹。

三是民政医疗救助、计生医疗扶助和扶贫、残联资金帮助。民政医疗救助所需资金，由民政部门的医疗救助专项资金支付；计生医疗扶助所需经费，由卫生计生部门的计生利益导向专项资金支付；对于精准扶贫建档立卡贫困人口缴纳参保金确实特别困难的，可由扶贫资金给予适当帮助解决。上述渠道安排后出现的资金缺口，根据《贵州省提高农村贫困人口医疗救助保障水平促进精准扶贫试点工作方案》、《贵州省提高农村贫困人口医疗救助保障水平促进精准扶贫试点工作实施细则》和《毕节市提高农村特殊人群医疗救助保障水平促进精准扶贫工作方案（试行）》规定，由省、市、区三级财政部门共同承担。

给予农村贫困户参加城乡居民医疗保险资助。农村计生"两户"夫妇及其未满18周岁的子女参保，个人应缴费用由卫生计生部门给予全额资助；最低生活保障家庭成员个人应缴的参保费用，按人均30元标准资助，所需资金由民政部门给予资助；低收入家庭中的重病患者和 80 岁以上老年人个人应缴参保费用，按人均 10 元标准资助，所需资金由民政部门给予资助。

农村居民基本医疗保险救助保障如下。

其一，给予特殊人群的门诊补偿，普通门诊统筹补偿报销封顶线不得低于每人每年 400 元；特殊病种大额门诊补偿，起付线及报销比例按七星关区报销补偿方案执行。

其二，给予住院补偿。特困供养人员、80 岁以上低保老年人、农村计生"两户"家庭人员，在执行转诊转院政策规定的前提下，在区内定点医疗机构住院的政策范围内给予 100% 报销救助，在区外省、市定点医疗机构或区外公立医院住院的政策范围内给予提高 10 个百分点的报补。享受抚恤补助的优抚对象、最低生活保障家庭成员，在执行转诊转院规定的前提下，区内定点医疗机构住院的，按普惠政策提高 10% 报销补偿；转诊省、市定点医疗机构或区外公立医院住院的，按普惠政策提高 3% 报补。

因医疗自付费用过高导致家庭无力承担的患者，经患者或家属向民政部门申请，民政部门调查核实认定后，在省、市、区级定点医疗机构和区外公立医院住院费用起付线以上，在政策范围内提高 3% 报销补偿。

提高基本医疗救助保障水平，遏制因病致贫、因病返贫。逐年提高基本住院救助年度限额，计划在 2020 年达到 3 万元。精准扶贫建档立卡贫困人口中的重大疾病患者、特困供养人员、最低生活保障对象中 80 岁以上者，经基本医疗保险、大病保险、计生医疗扶助、民政医疗救助等保障后，政策范围内医疗费用保障水平力争达到 100%。对医疗救助对象中患重大疾病的，全面实施重特大疾病医疗救助，住院救助年度限额提高到基本住院救助年度限额的 1.5 倍。

二 "五保"供养

为确保特困供养人员共享发展成果，七星关区政府决定逐年提高农村"五保"供养标准，确保五保供养对象生活水平不低于区内农村居民平均生活水平。"十三五"期间，每年按区级财政人均不低于 200 元的标准，增加对农村"五保"供养资金的投入。同时，将所有农村"五保"对象纳入农村低保保障范围，并按低保标准的 30% 增发特殊困难补助金。

加强孤儿基本生活保障，确保孤儿健康成长。调整提高孤儿基本生活保障标准，确保散居孤儿基本生活费每月不低于 600 元，集中供养孤儿基本生活费每月不低于 1000元。完善孤儿基本生活保障制度，将失去父母、查找不到生父母的儿童纳入孤儿基本生活保障范围。

加强特困人员供养设施建设和管理，为特困供养人员打造幸福家园。完善农村五保供养设施，增加供养床位，加强儿童福利机构建设，为特困供养人员有效提供生活照料、医疗康复、长期护理、精神慰藉等全方位服务。

七星关区还加强了住房救助，保证困难户住有所居。在实施农村危房改造过程中，给予一级危房户中的五保户、低保户户均 2.23 万元的补助，给予困难户户均 1.23万元的补助；给予二级危房户中的五保户户均 0.85 万元的补助，给予低保户、困难户户均 0.7 万元的补助；给予三级危房户中的五保户户均 0.7 万元的补助，给予低保户、困难户户均 0.65 万元的补助。

另外，加强制度建设，完善临时救助制度，有效防止因突发性困难致贫返贫；完善受灾人员救助制度，有效遏制因灾致贫返贫。

龙凤村的一些贫困户得到了区政府的社会保障兜底扶贫项目的帮助。

第七节　教育精准扶贫

农村不少家庭处于教育致贫的境地，实施教育精准扶贫，是帮助贫困户走出贫困的重要手段。七星关区制定了《关于进一步加强农村贫困学生资助 推进教育精准扶贫的实施方案》，规定资助对象是区内就读高中阶段以上学校（不含研究生阶段）的农村贫困学生。因灾、因病等特殊原因返贫的非在册贫困户子女，经本人申请审批后也可纳入资助范围。

从 2016 年春季学期起，教育精准扶贫的资助标准如下。

其一，普通高中"两助三免（补）"。就读普通高中的本区户籍农村贫困学生，在实施国家助学金每生每年 2000 元的基础上，新增扶贫专项助学金每生每年 1000 元、免

（补助）学费每生每年 760 元、免（补助）教科书费每生每年 400 元、免（补助）住宿费每生每年 500 元的资助。

教育补助经费来源，省属、市属学校经费由省、市财政解决；就读本区高中学校中符合资助条件的学生，按中央财政 80%、省级财政 8%、市级财政 6%、区级财政 6% 的比例配套资助资金。

其二，中职学校"两助三免（补）"。就读中职学校的本区户籍农村贫困学生，在实施三年免学费每生每年 2000 元和一、二年级国家助学金每生每年 2000 元的基础上，给予对一、二年级学生扶贫专项助学金每生每年 1000 元资助，免（补助）教科书费每生每年 400 元资助，免（补助）住宿费每生每年 500 元资助。

这项资助经费来源，省属、市属学校经费由省、市财政解决；就读本区高中学校中符合资助条件的学生，按中央财政 80%、省级财政 8%、市级财政 6%、区级财政 6% 的比例配套资助资金。

其三，普通高校"两助一免（补）"。就读普通高校本专科（高职）的本区户籍农村贫困学生，除享受原有的国家助学金每生每年平均 3000 元外，再给予扶贫专项助学金每生每年 1000 元资助，免（补助）学费本科学生每生每年 3830 元、专科（高职）学生每生每年 3500 元的资助。

另外，给予贫困户子女助学贷款。全日制普通本专科学生（含第二学士学位、高职学生）每人每年可申请贷款额度最高为 8000 元，全日制研究生可申请贷款最高为 12000 元，并按相关政策规定给予贴息资助，延长助学贷款期限至 20 年，还本宽限期限 3 年。

龙凤村部分村民获得了教育精准扶贫的资助。

第八节　村民对精准扶贫措施的评价

龙凤村的精准扶贫已持续多年，村容村貌巨变，村民收入持续增长，扶贫工作取得很大成绩。毕竟扶持的对象与主体是村民，那么，龙凤村村民如何评价精准扶贫的政策、措施与效果呢？

第一，龙凤村贫困户选择是否精准？

从 2017 年调查问卷看，在非建档立卡户中，认为本村贫困户选择"很合理"的占比为 40.6%，认为"比较合理"的占比为 25.0%，两者合计为 65.6%；认为本村贫困户选择"一般"的占比为 12.6%；认为"说不清"的占比为 15.6%；认为"不太合理"和"很不合理"的占比均为 3.1%。这说明，龙凤村非建档立卡户基本上认同贫困户的选择，反对的占少数。

建档立卡户即便被选出了贫困户，在他们之中，认为本村贫困户选择"很合理"的占比为 12.5%，认为"比较合理"的占比为 75.0%，两者合计为 87.5%；认为本村贫困户选择"一般"的占比为 12.5%；没有"说不清"或认为"不太合理""很不合理"的村民。这说明，龙凤村贫困户高度认同对贫困户的选择。

比较龙凤村非建档立卡户与建档立卡户对贫困户选择是否合理的认识，认为"很合理"的非建档立卡户占比比建档立卡户占比高 28.1 个百分点；认为"比较合理"的农户占比，前者比后者低了 50 个百分点；认为"一般"的农户占比，前者与后者基本相当。只是有少数非建档立卡户认为"不太合理"和"很不合理"，可能是因为自己或亲朋好友没有被选为贫困户。而回答"说不清"的非建档立卡户，反映出"事不关己，高高挂起"的心态。总体而言，说明龙凤村在选择贫困户方面还是相对公平的（见表 3-5）。

表 3-5　龙凤村村民对贫困户选择是否合理的认识

单位：户，%

选项	非建档立卡户		建档立卡户	
	有效统计数	有效占比	有效统计数	有效占比
很合理	13	40.6	1	12.5
比较合理	8	25.0	6	75.0
一般	4	12.6	1	12.5
不太合理	1	3.1	0	—
很不合理	1	3.1	0	—
说不清	5	15.6	0	—
总计	32	100	8	100

第二，有多少村民享受到了扶贫政策？

在调查问卷中，龙凤村 37 户非建档立卡户回答了"你家是否直接享受过扶贫政策"这一问题。享受过扶贫政策的农户占比为 16.2%，没有享受过扶贫政策的农户占比为 81.1%，另有 1 户不知道。有 8 户建档立卡户回答了问题，其中 5 户（占 62.5%）享受过扶贫政策，有 3 户（占 37.5%）没享受过扶贫政策（见表 3-6）。

笔者在与村干部的交谈中得知，绝大多数建档立卡户都享受过扶贫政策，只是他们不太了解。非建档立卡户直接享受过扶贫政策的家庭比例远少于建档立卡户，因为有些扶贫政策是专对贫困户的，他们不能享受。在有效统计中，非建档立卡户享受的扶贫政策主要为特惠贷、房屋修建、核桃种植等，建档立卡户享受的扶贫政策主要为贴息贷款、入股分红、技能培训，发展生产等。

表3-6　龙凤村村民对"你家是否直接享受过扶贫政策"的回答

单位：户，%

你家是否直接享受过扶贫政策	非建档立卡户		建档立卡户	
	有效统计数	有效占比	有效统计数	有效占比
有	6	16.2	5	62.5
没有	30	81.1	3	37.5
不知道	1	2.7	0	—
总计	37	100	8	100

第三，农户获得了哪些扶持？

此次龙凤村问卷调查，我们询问了2015年以来农户得到的精准扶贫帮扶措施。在有效问卷中，得到技能培训所占的比例为9.0%，得到小额信贷所占的比例为43.3%，得到发展生产帮助所占的比例为19.4%，得到公共服务和社会事业（教育、医疗、低保等）帮扶所占的比例为7.4%，得到其他帮扶所占比例为6.0%，另外，得到基础设施建设帮扶的比例也达到11.9%。"其他帮扶"是参加职业培训，共有4人，培训内容为农村实用技能培训，如养鸡技术、果树种植等，学制分别是四年、三年，不发放证书（见表3-7）。可知农户得到最多、最主要的帮扶措施是小额信贷方面的扶持。

表3-7　2015年以来龙凤村村民得到的帮扶措施

单位：户，%

2015年以来得到的帮扶措施（可多选）	有效统计数	有效占比
技能培训	6	9.0
小额信贷	29	43.3
发展生产	13	19.4
带动就业	2	3.0
易地搬迁	0	0
基础设施建设	8	11.9
公共服务和社会事业（教育、医疗、低保等）	5	7.4
其他（注明）	4	6.0
总计	67	100

2015年，龙凤村12户农户得到产业扶持。2016年，7户农户得到产业扶持。在得到产业扶持的农户中，得到资金扶持的占比为45.2%，得到技术支持的占比为25.8%，得到产业化带动扶持的占比为22.6%，得到其他扶持的占比为6.4%（见表3-8）。可知，政府对贫困户的扶持最主要的方式是资金扶持，然后是技术扶持、产业化带动等。

表3-8　龙凤村村民得到的扶持方式

单位：户，%

扶持方式（可多选）	有效统计数	有效占比
资金扶持	14	45.2
产业化带动	7	22.6
技术支持	8	25.8
其他（注明）	2	6.4
总计	31	100

在资金筹集方面，贫困户除了扶持资金之外，还有一些家庭自筹资金投入生产，但自筹资金平均数额远低于政府扶持资金数额。对于龙凤村贫困户而言，扶持资金帮扶贫困户的作用还是很明显的（见表3-9）。

表3-9　龙凤村建档立卡户的自筹资金与扶持资金情况

单位：户，元

自筹资金		扶持资金	
户数	7	户数	23
自筹资金总额	97500	扶持资金总额	826400
自筹资金平均额	13929	扶持资金平均额	35930

第四，政府对建档立卡户精准扶贫措施是否合适？

龙凤村有31户建档立卡户回答了为本户安排的扶贫措施是否适合的问题。认为"非常适合"的农户占比为32.3%，认为"比较适合"的农户占比为45.2%，认为"一般"的农户占比为12.9%，认为"不太适合"的农户占比为3.2%，认为"很不适合"的农户占比为3.2%，认为"说不清"的农户占比为3.2%（见表3-10）。

表3-10　龙凤村建档立卡户对政府为自己安排的扶贫措施的看法

单位：户，%

选项	有效统计数	有效占比
非常适合	10	32.3
比较适合	14	45.2
一般	4	12.9
不太适合	1	3.2
很不适合	1	3.2
说不清	1	3.2
总计	31	100

认为"非常适合"和"比较适合"的农户所占比例达到了77.5%，表明农户基本上认可了政府给自己安排的扶贫措施，当然也有少数农户不满意，认为给自己安排的扶贫措施不适合自己的情况。这值得扶贫工作者总结经验。

龙凤村建档立卡户对于扶贫项目的评价，认为"非常满意"的农户占比为50.0%，认为"比较满意"的农户占比为29.1%，认为"一般"的农户占比为12.5%，认为"不太满意"的农户占比为4.2%，认为"很不满意"的农户占比为4.2%。说明大部分贫困户对扶贫项目是比较满意的，但也存在极少数人很不满意的问题（见表3-11）。

表3-11　龙凤村建档立卡户对于扶贫项目的评价

单位：户，%

项目效果评价	有效统计数	有效占比
非常满意	12	50.0
比较满意	7	29.1
一般	3	12.5
不太满意	1	4.2
很不满意	1	4.2
总计	24	100

那么，政府安排的扶贫措施对建档立卡户的扶贫效果如何呢？

在龙凤村31户回答该问题的建档立卡户中，认为效果"非常好"的占比为29.2%，认为效果"比较好"的占比为41.9%，认为效果"一般"的占比为16.1%，认为效果"不太好"和"很不好"的占比均为3.2%，还有6.4%的农户对于扶贫效果"说不清"（见表3-12）。

村民认为扶贫效果"非常好"和"比较好"的占比为71.1%，说明贫困户对于政府的扶贫措施的效果基本上是满意的，但也有少数贫困户认为效果不好，说明扶贫措施还没对路，还需要继续探索。

表3-12 龙凤村村民对于自身扶贫效果的评价

单位：户，%

扶贫效果评价	有效统计数	有效占比
非常好	9	29.2
比较好	13	41.9
一般	5	16.1
不太好	1	3.2
很不好	1	3.2
说不清	2	6.4
总计	31	100

第五，政府对扶贫村扶贫措施的安排是否合适？

本次调查，龙凤村36户非建档立卡户、8户建档立卡户回答了"政府为本村安排的各种扶贫项目是否合理"这一问题。在非建档立卡户中，认为"很合理"的农户占比为38.9%，认为"比较合理"的农户占比为38.9%，认为"一般"的农户占比为13.9%，认为"很不合理"的农户占比为2.8%，还有5.5%的农户"说不清"。

在建档立卡户中，认为"很合理"的农户占比为12.5%，认为"比较合理"的农户占比为75.0%，认为"一般"的农户占比为12.5%，没有人认为"不太合理"或"很不合理"（见表3-13）。

认为"很合理"与"比较合理"的非建档立卡户占

比达到了 77.8%，显然他们基本上满意政府为本村安排的扶贫项目，少数认为"很不合理"的农户可能是利益受损户。建档立卡户回答该问题的人数较少，但认为"很合理"与"比较合理"的农户占比达到了 87.5%，可见他们高度认可政府为本村安排的扶贫项目。

表 3-13　龙凤村村民对政府为本村安排的扶贫项目的看法

单位：户，%

评价	非建档立卡户		建档立卡户	
	有效统计数	有效占比	有效统计数	有效占比
很合理	14	38.9	1	12.5
比较合理	14	38.9	6	75.0
一般	5	13.9	1	12.5
不太合理	0	—	0	
很不合理	1	2.8	0	
说不清	2	5.5	0	
总计	36	100	8	100

那么，龙凤村村民对于本村扶贫措施的效果评价如何？

在回答该问题的 37 户非建档立卡户中，认为效果"很好"的占比为 29.7%，认为效果"比较好"的占比为 40.5%，认为效果"一般"的占比为 24.3%，"说不清"效果的占比为 5.4%，没有人认为"不太好"或"很不好"。

在 8 户建档立卡户中，认为效果"很好"的占比为 37.5%，认为效果"比较好"的占比为 50.0%，认为效果"一般"的占比为 12.5%，没有人认为"不太好"或"很不好"（见表 3-14）。

对本村扶贫效果评价为"很好"与"比较好"的非建档立卡户占比达到了 70.2%，可见他们大多数人认可了政府为本村安排的扶贫项目的效果。建档立卡户回答该问题的人数较少，但认为"很好"与"比较好"的农户占比达到了 87.5%，可见他们更是高度认可政府为本村安排的扶贫项目的效果。没有人否认政府安排的扶贫项目产生的良好效果。但非建档立卡户有 24.3% 的受调查者认为效果"一般"，5.4% 的受调查者"说不清"，建档立卡户有 12.5% 受调查者认为效果"一般"，说明政府在扶贫开发方面还有很大的努力空间。

表 3-14　龙凤村村民对政府安排的扶贫项目效果的评价

单位：户，%

评价	非建档立卡户		建档立卡户	
	有效统计数	有效占比	有效统计数	有效占比
很好	11	29.7	3	37.5
比较好	15	40.5	4	50.0
一般	9	24.3	1	12.5
不太好	0	—	0	—
很不好	0	—	0	—
说不清	2	5.4	0	—
总计	37	100	8	100

第六，村民对于自己脱贫的结果是否认可？

本次问卷调查中，有 23 户已脱贫。对于村委会认定他们已脱贫的结果，有 82.6% 的农户表示"满意"，有 13.0% 的农户表示"不满意"，有 4.4% 的农户表示"无所谓"。说明大多数贫困户对脱贫结果的认定还是满意的。当然不满意的占比也值得重视，说明脱贫标准存在争议（见表 3-15）。

表 3-15　龙凤村脱贫户对于自己脱贫结果的认可

单位：户，%

评价	有效统计数	有效占比
满意	19	82.6
不满意	3	13.0
无所谓	1	4.4
总计	23	100

龙凤村村民在自家脱贫程序认定上态度如何？

在村委会认定他们脱贫的程序上，已脱贫的 23 户村民中，有 82.6% 的农户表示"满意"，有 13.0% 的农户表示"不满意"，有 4.4% 的农户表示"无所谓"。这说明大多数贫困户对脱贫程序的认定还是认可的。当然"不满意"的农户的占比也不小，表明农户在脱贫程序认定上也存在争议，需要改进（见表 3-16）。

表 3-16　龙凤村村民对于自家脱贫程序认定的态度

单位：户，%

态度	有效统计数	有效占比
满意	19	82.6
不满意	3	13.0
无所谓	1	4.4
总计	23	100

建档立卡户对于本村扶贫效果是如何评价的？

在 31 户农户中，认为本村到目前为止扶贫效果"非常好"的占 22.6%，认为"比较好"的占 51.7%，认为"一般"的占 16.1%，认为"很不好"的占 3.2%，还有 6.4%的人表示"说不清"（见表 3-17）。

认为扶贫效果"非常好"与"比较好"的农户占比达到了74.3%，这表明多数农户认可本村的扶贫效果。当然，有人认为扶贫效果"很不好"，值得乡村干部思考其中的原因。

表3-17 龙凤村村民对于本村扶贫效果的认可

单位：户，%

本村到目前为止扶贫效果如何	有效统计数	有效占比
非常好	7	22.6
比较好	16	51.7
一般	5	16.1
不太好	0	—
很不好	1	3.2
说不清	2	6.4
总计	31	100

结　语

——经验、问题与对策

龙凤村精准扶贫的主要经验是，强化基础设施建设扶贫功能，积极发展产业扶贫，积极发展信用担保，积极发挥配套扶贫措施的作用。精准扶贫存在的最大问题是过度依靠政府大规模投入，不可持续；一些制约当地经济发展与居民生活的短板尚未补齐；村民产生了价值观扭曲的现象。精准扶贫下一步的发展应该与乡村振兴战略相结合。

第一节　精准扶贫经验

　　毕节市七星关区龙凤村的精准扶贫，是七星关区"一市五金多套餐"精准扶贫模式的一个缩影。从目前情况看，七星关区这一扶贫模式取得了较好的成绩。龙凤村精准扶贫案例，能够以小见大，反映出七星关区的扶贫经验。

一 强化基础设施建设扶贫

集中社会力量，加大贫困地区基础设施建设投入，改善贫困地区发展条件，是七星关区政府在精准扶贫中的重要措施。

龙凤村的发展，享受到了政府在基础设施建设上的大力扶持。通往龙凤村的高等级公路早已修好。村内通组道路也在政府资助下修建成水泥路。村外的机耕路、人行便道等，也在政府资助下修建起来。修建饮水工程，修建农资超市，修建农民文化活动室，改造农村危房，整修村民住房，都得到了政府扶贫资金的大力资助。

基础设施建设扶贫，改善了农村的基础设施状况，美化了乡村环境，破除发展瓶颈，推进了精准扶贫的深入。

二 发展产业扶贫

扶持产业发展，才能促进贫困户就业，从根本上达到扶贫的目的。七星关区政府在扶持产业发展方面，采取的措施有建设农业示范园区，扶植、培育农村小微企业，实施乡村旅游扶贫，扶持农村电商，等等。

在龙凤村，政府产业扶持的重要成果是创办了龙凤蛋鸡养殖场，建设了万亩核桃产业园，发展了天麻种植产业，壮大了马铃薯种植产业。

七星关区的扶贫"套餐"扶持机制，也为农户创造了脱贫致富的机会，政策效果比较显著。

龙凤村产业的发展，增加了贫困户的收入，为农户稳定脱贫开辟了一条产业道路。

三　发展信用担保

发展产业扶贫，离不开建设有效的信用担保体系。只有大力发展信用担保，才能降低金融风险，促进金融扶贫。

毕节市七星关区"一市五金多套餐"精准扶贫模式中，"特殊困难群众大病医疗底垫周转基金"目的是解决贫困居民医疗困难，造林绿化"苗木超市"免费为贫困群众提供苗木，是为了充分利用和盘活土地资源，提高森林覆盖率，增加农民收入。另外的政策都旨在发展产业，以带动贫困群众脱贫；扶持企业、合作社，以扩大贫困群众就业门路；给扶持对象技术支持，"授人以渔"。这些措施均为造血式扶贫。

而在诸多配套措施中，信用担保是关键。

"扶贫套餐"是以政府贴息方式进行造血式扶贫。比如，饲养能繁母牛，给予每户贴息贷款2.4万元，补贴利息5040元；饲养绿壳蛋鸡，给予每户贴息贷款1万元，补贴利息1400元；饲养乌骨鸡或本地土鸡，给予每户贴息贷款 1.5 万元，补贴利息 2100 元；饲养蛋鸭，给予每户贴息贷款 1 万元，补贴利息 1400 元；饲养黑山羊，给予每户贴息贷款 2 万元，补贴利息 2800 元；种植设施蔬菜，给予每户贴息贷款 2.8 万元，补贴利息 5880 元；种植脱毒马铃薯，给予每户贴息贷款 0.5 万元，补贴利息 700 元；种植莲藕，给予每户贴息贷款 1.2 万元，补贴利息 1680 元；种植羊肚菌，给予每户贴息贷款 2.4 万元，补贴利息 1680 元；栽桑养蚕，给予每户贴息贷款 1.2 万元，补贴利息 2520 元。贴息贷款能够缓解贫困户缺乏生产资金的问题。这些扶贫贴息贷款由毕节市农村商业银行发放。农商行为降低坏账风险，在开展扶贫贷款时要求提供担保。而由于贫困农户自身很少储蓄，房屋破旧不值钱，宅基地、承包地抵押也有法规限制，实际上缺乏可以用于抵押的财产。只有解决了信用担保的制约，贫困农户才能得到银行的贷款。

"精准扶贫产业发展基金"目的是扶持新建或扩建农业产业化扶贫项目的企业、农民专业合作社或种植养殖大户。比如，种植标准化蔬菜、中草药 300 亩以上，每亩一次性补助 300 元；新建 10 万羽以上的现代化蛋鸡养殖场，每 1 万羽一次性补助 15 万元；新建出栏生猪 5000 头以上的标准化养猪场，每场一次性补助 100 万元；种植标准化茶叶 500 亩以上，每亩一次性补助 300 元；新建设施蔬菜大棚 500 平方米以上，每平方米一次性补助 15 元。不过，这些扶贫产业发展基金补助，需要在项目完工验收合格后才能得到。而在建设过程中，还需要从银行获得贷款。企业、农民专业合作社或种植养殖大户同样面临信用担保问题。

政府设立"精准扶贫小额贷款贴息基金"，通过财政贴息，降低了贫困户、企业、农民专业合作社、种植养殖大户的融资成本，目的是鼓励他们向银行贷款。政府设立"精准扶贫产业发展风险兜底基金"，在发生地震、暴雨、洪水、风灾、雹灾、冻灾、雪灾、旱灾、泥石流、山体滑坡、重大动物疫病时，给予选择精准扶贫"套餐"的贫困户一定的补贴，是为了鼓励他们积极创业。而他们在创业时需要银行贷款，无法绕过信用担保这道关。

"精准扶贫"不仅要精准选出需要扶持的贫困户，更要精准找到有前途、有市场的产业，进而推动贫困户、企业、农民专业合作社、种植养殖大户积极投身到造血式扶贫开发中。扶贫开发离不开银行信贷支持，银行信贷又需要提供信用担保。因此，在推进"精准扶贫"中，信用担保成为重要的依托。

信用担保的功能需要健全的信用担保体系的支撑。

2009 年毕节市七星关区开始建设信用担保体系，由毕节市七星关区人民政府出资，组建了七星关区生态畜牧业信用担保有限公司，注册资金 1000 万元。2011 年注册资金增加至 2500 万元。2016 年注册资金增资到 3000 万元。生态畜牧业信用担保有限公司将担保资金存入贵州毕节农村商业银行专户，作为担保保证金，为规模化种植养殖产业扶贫项目在农商行的贷款提供第三方担保。凡贷款条件达到生态畜牧业信用担保有限公司要求的企业、农民专业合作社、种植养殖大户，由其提供无限连带责任担保。

公司成立前期，担保资金由银行放大 5 倍后，可担保贷款资金 1.25 亿元。2016 年，该公司担保资金由毕节农商行放大到 7.5 倍，截至 2016 年 5 月，该公司累计担保贷款 2.29 亿元，在保余额 7500 万元，受益的种植、养殖及餐饮、服务等企业达 1100 户。

七星关区生态畜牧业信用担保有限公司担保条件和范围是：发展养牛的企业、专业合作社、养殖大户，存栏牛在 100 头以上；发展养猪的企业、专业合作社、养殖大户，存栏商品猪要保持在 200 头以上或能繁母猪 50 头以上；养殖禽类企业、专业合作社、养殖大户，养殖规模要达到 10000 羽以上。担保额度单笔在 10 万元以上、担保公司资本 10% 以下的信用贷款，担保期限为 1~3 年。

生态畜牧业信用担保有限公司运营以来，化解了银行的贷款风险，营造了担保公司、银行、企业、专业合作社、养殖大户的多赢格局，支持了毕节的精准扶贫工作，推动了当地经济建设和生态畜牧业的发展。

七星关区生态畜牧业信用担保有限公司属于机构担保。此外，毕节市七星关区还发展了其他信用担保。

一是干部担保，由包村干部、帮扶干部、村干部等提供信用担保，提供无限连带责任担保。二是联户授信担保，由多户村民联户担保贷款，风险由联户村民及贷款人共同承担。三是财产担保，贫困户可用属于自己的宅基地、房屋、林产或其他不动产进行抵押担保，风险由贷款人承担。

正是信用担保体系建设，推进了金融扶贫的展开。

四　发挥配套扶贫措施的作用

从龙凤村农户致贫原因看，许多农户因为无就业门路而贫困，有许多农户因为家庭成员得重病而贫困，或因为子女上学负担沉重而贫困。这就需要政府制定综合扶贫措施，改变农户贫困状态，并阻断这些渠道贫困的再发生率。

七星关区政府建立了社会保障兜底扶贫机制，重点开展了医疗救助、"五保"供养、养老保险、住房救助、临时救助等。开展了教育精准扶贫，帮助许多贫困户走出了贫困。

龙凤村一些建档立卡户脱贫，正是在配套扶贫措施支持下实现的，配套扶贫措施有效地阻断了返贫发生的途径。

第二节　精准扶贫中存在的问题

第一，龙凤村的精准扶贫，依靠的是政府大规模的投入，不可持续，这一模式也不可推广与复制。

2015 年以来，龙凤村在修路、修建饮水池、危房改造、人居环境整治等方面，政府拨款及社会各界捐赠资金据不完全统计，达到了 4.7 亿元，825 户村民户均 57.2 万元，人均达到 14.6 万元。

显然，政府及社会各界投入龙凤村扶贫的资金不是一个小数目。

如果按照龙凤村的扶贫投入模式，在全国进行扶贫工作，国家根本无力承担。所以，依靠政府大量投入的扶贫模式不具推广性，不可持续，更不可复制。

第二，精准扶贫中一些制约当地经济发展与居民生活的短板尚未补齐。

除了农户收入渠道来源比较单一外，龙凤村发展还存在许多短板。

一是部分村民存在饮水困难，饮水不安全不卫生，导致生活质量不高。

二是在发展特色农副产品方面，一个很大的制约因素是缺乏冷链。龙凤村所在的撒拉溪镇没有较大库容的冷库，影响到农副产品外销的质量。龙凤村发展马铃薯产业、天麻产业、核桃产业，这些农产品如果在外销前进入冷库冷藏一段时间，在销售时就不会出现长芽等影响销售的问题。与此相关的是，特色农产品在运输过程中缺乏冷链物流，也影响到特色农产品的外销。

此外，在产业发展方面，还存在资金不足、生产技术不足的问题。这些都制约了农村的"造血功能"。在大规模扶贫过后，当地经济仍有可能陷入停滞不前的困境，有的村庄甚至可能倒退。

第三，扶贫主体仍然是政府，农户在很大程度上仍然是被动接受。当地政府希望改变扶贫本末倒置的问题，将"要我富"变为"我要富"，但是，没有太大的改观。

贫困农户被动地接受扶贫，在村民中甚至产生了价值观扭曲现象。一些贫困户不以贫困为耻，反而以得到哪种级别的干部帮扶为荣。比如，部分农户相互之间比较自己是得到了县级干部帮扶、科级干部帮扶，还是得到了一般干部的帮扶，得到帮扶的干部级别越高，自己越有"面子"。这种"攀比"导致一般干部在扶贫工作中的压力增大。另外，个别农户还很在意帮扶干部上门探望时带什么礼物，礼物越贵，越觉得自己有"面子"，如果干部带的礼物不如上次好，他们就会不高兴。这又加重了扶贫干部的负担。这种扭曲的价值观、荣辱观，败坏了乡村文明，对乡村振兴极为不利。

第三节　精准扶贫与乡村振兴战略的结合

龙凤村精准扶贫已经取得较大成就，下一步发展应该与乡村振兴战略相结合。

第一，加强集体经济力量。龙凤村在如何壮大集体经济力量方面已想出了一些办法。比如，村委会将部分扶贫资金投入龙凤蛋鸡养殖场，作为村集体在企业中的股份；把养鸡场占用的土地、道路、设备等村集体资产折合为股份，投入养鸡场。这些投在养鸡场的股份成为村集体经济的主要来源。另外，该村集体经济与私人企业的结合，形成了双赢，有利于推进乡村振兴战略的实施。

第二，加强村集体组织建设，壮大乡村振兴乡村领导力量。龙凤村在推进精准扶贫中，村委会、党支部的干部领导能力得到锻炼，领导才能得到提升，这为乡村振兴战略的实施提供了有力的组织保障。

第三，推进产业发展。产业发展不仅是精准扶贫的根本，更是乡村振兴的关键。精准扶贫更应该在推进产业发展上下功夫。

第四，继续构建社会保障兜底保障网，保障农村特殊人群基本生活。

参考文献

毕节试验区理论研究课题组:《科学发展观的实践与探索——对贵州毕节试验区的实践考察》,《贵州社会科学》2008年第 12 期。

陈晓军:《"毕节试验"与欠发达地区反贫困》,《农业经济》2011 年第 8 期。

段忠贤、胡松:《毕节试验区开发扶贫:演进、成效与经验》,《毕节学院学报》2012 年第 1 期。

付占娟、苏尔波、王飞跃:《贵州农村扶贫开发的公共政策分析——以毕节地区为例》,《山西农业大学学报》2010 年第 6 期。

高帅:《贫困识别、演进与精准扶贫研究》,经济科学出版社,2016。

贵州省毕节市扶贫办:《贵州毕节"问需式"扶贫精准发力》,《西部大开发》2006 年第 1 期。

胡敬斌:《毕节验的政治经济学分析——基于马克思主义视阈》,《贵州社会科学》2011 年第 6 期。

黄承伟:《脱贫攻坚省级样本:精准扶贫精准脱贫贵州模式研究》,社会科学文献出版社,2016。

黄水源:《"毕节模式"的政治学思考》,《商业时代》2010

年第 22 期。

贾文龙：《"到村到户"精准扶贫模式实践及其启示探究——以贵州省毕节市为例》，《山西农业科学》2015 年第 43 期。

雷明：《路径选择——脱贫的关键：贵州省毕节地区可持续发展与可持续减贫调研报告》，《科学决策月刊》2006 年第 7 期。

李后强等：《精准扶贫战略——最具中国特色的反贫困行动》，四川人民出版社，2016。

刘燎、孟性荣：《精准扶贫在毕节》，《毕节日报》2017 年 10 月 17 日。

刘宇浩：《毕节试验区 24 年开发扶贫特点研究——一个从被动向主动转变的攻坚克难，后发赶超过程》，《毕节学院学报》2012 年第 10 期。

陆汉文等：《中国精准扶贫发展报告（2016）》，社会科学文献出版社，2016。

罗蓉婵、吴清泉等：《毕节：合力啃下扶贫硬骨头》，《云南日报》2016 年 3 月 27 日。

吕慎：《毕节：精准发力教育扶贫——访全国人大代表、贵州省政协副主席、毕节市委书记周建琨》，《光明日报》2017 年 3 月 8 日。

莫任珍：《喀斯特地区精准扶贫研究——以贵州省毕节市为例》，《农业与技术》2015 年第 2 期。

孙良海：《七星关区鸿智达马铃薯专业合作社创新发展的典型调查报告》，《农技服务》2017 年第 6 期。

王灵桂、侯波：《精准扶贫——理论、路径与思考》，中国社会科学出版社，2018。

徐玉红等：《精准扶贫与现代农业》，金盾出版社，2017。

杨道田：《新时期我国精准扶贫机制创新路径》，经济管理出版社，2017。

叶志坚：《精准扶贫的宁德模式》，中共中央党校出版社，2017。

易艳玲：《毕节试验区扶贫资金投入效果的统计分析》，《毕节学院学报》2012年第3期。

郑长德等：《精准扶贫与精准脱贫》，经济科学出版社，2017。

中共中央组织部干部教育局等：《精准扶贫精准脱贫》，党建读物出版社，2016。

后 记

选择贵州省毕节市七星关区龙凤村进行精准扶贫调研，缘于 2015 年在七星关区进行的一次调研活动。2015年 6 月中旬，中国社会科学院经济研究所党委书记王立胜带领我们去七星关区调研经济发展情况，受到区委书记崔英魁的热情接待。我们考察了区里的重要企业、农业产业园、精准扶贫点，撒拉溪镇龙凤村的现代化蛋鸡养殖场给我们留下深刻的印象。

2016 年，中国社会科学院组织全国百村精准扶贫调研，调研认为龙凤村在产业扶贫方面取得不少成绩，与区委宣传部联系后，推荐龙凤村为百村调查点之一，7 月调研立项。当年 12 月初，课题组前往龙凤村进行第一次调研，调研内容为社会经济发展状况。在七星关区委宣传部帮助下，课题组与村镇干部座谈，考察了龙凤村生态环境及龙凤蛋鸡养殖场，并走访了一些建档立卡户，获得了村人口、劳动力、村民收入、村级经济、村民居住环境、教育、医疗、卫生、扶贫政策与措施落实情况等相关数据，对龙凤村社会经济状况有了一个整体印象。

2017 年 8 月上旬，课题组第三次到龙凤村，进行精准扶贫问卷调查。在村干部的帮助下，课题组随机抽取了 38 户非建档立卡户、36 户建档立卡户，用一个星期的时间，完成了调查问卷的填写。回北京后，课题组将调查问卷数据统一录入了数据库。

随后，中国社会科学院研究生院博士生李彦超对问卷数据进行了基本的统计分析，得出了相关调查统计数据。基本统计数据形成后，我利用相关资料，撰写了龙凤村精准扶贫调研稿。北京农业职业学院吴俊丽副教授帮助整理了相关材料，讨论了调研报告。

在此，特别感谢中国社会科学院经济研究所王立胜书记、中共毕节市七星关区区委书记崔英魁的大力支持，感谢中共毕节市七星关区区委宣传部部长叶荣、副部长陈家贵提供的帮助，感谢龙凤村驻村扶贫干部、村委会、村支部各位干部的支持，感谢社会科学文献出版社的编辑老师做了认真负责的编辑工作。

祝愿龙凤村百姓的生活越过越好！

赵学军

2018 年 10 月

图书在版编目 (CIP) 数据

精准扶贫精准脱贫百村调研. 龙凤村卷："一市五
金多套餐"的精准扶贫机制 / 赵学军著. -- 北京：社
会科学文献出版社，2018.12
　　ISBN 978-7-5201-3999-1

　　Ⅰ.①精…　Ⅱ.①赵…　Ⅲ.①农村-扶贫-调查报告
-毕节　Ⅳ.①F323.8

中国版本图书馆CIP数据核字（2018）第274264号

· 精准扶贫精准脱贫百村调研丛书 ·

精准扶贫精准脱贫百村调研·龙凤村卷
——"一市五金多套餐"的精准扶贫机制

著　　者 / 赵学军

出 版 人 / 谢寿光
项目统筹 / 邓泳红　陈　颖
责任编辑 / 张　超

出　　版 / 社会科学文献出版社 · 皮书出版分社 （010）59367127
　　　　　　地址：北京市北三环中路甲29号院华龙大厦　邮编：100029
　　　　　　网址：www.ssap.com.cn
发　　行 / 市场营销中心 （010）59367081　59367083
印　　装 / 三河市东方印刷有限公司

规　　格 / 开　本：787mm×1092mm　1/16
　　　　　　印　张：10.25　字　数：100千字
版　　次 / 2018年12月第1版　2018年12月第1次印刷
书　　号 / ISBN 978-7-5201-3999-1
定　　价 / 59.00元